贵州民族科学研究院丛书

中国共产党民族理论与政策在贵州的实践丛书之四

贵州民族
语文工作六十年

GUIZHOU MINZU
YUWEN GONGZUO LIUSHINIAN

龙海燕　罗兴贵　吴定川　著

电子科技大学出版社

图书在版编目（CIP）数据

贵州民族语文工作六十年 / 龙海燕，罗兴贵，吴定川著.
—成都：电子科技大学出版社，2011.7
（中国共产党民族理论与政策在贵州的实践丛书 /
贵州民族科学研究院丛书）
ISBN 978-7-5647-0873-3

Ⅰ.①贵… Ⅱ.①龙… ②罗… ③吴… Ⅲ.①民族语
—语言学—研究—贵州省 Ⅳ.①H2

中国版本图书馆 CIP 数据核字（2011）第 110238 号

贵州民族科学研究院丛书

中国共产党民族理论与政策在贵州的实践丛书之四

贵州民族语文工作六十年

龙海燕 罗兴贵 吴定川 著

出　　版： 电子科技大学出版社（成都市一环路东一段 159 号电子信息产业大厦　邮编：610051）
策划编辑： 万晓桐
责任编辑： 杨仪玮
主　　页： www.uestcp.com.cn
电子邮箱： uestcp@uestcp.com.cn
发　　行： 新华书店经销
印　　刷： 四川墨池印务有限公司
成品尺寸： 185mm×260mm　　**印张** 8.5　**字数** 207 千字
版　　次： 2011 年 7 月第一版
印　　次： 2011 年 7 月第一次印刷
书　　号： ISBN 978-7-5647-0873-3
定　　价： 30.00 元

◆ 本社发行部电话：028-83202463；本社邮购电话：028-83208003。

◆ 本书如有缺页、破损、装订错误，请寄回印刷厂调换。

《中国共产党民族理论与政策在贵州的实践丛书》
编委会

序

现代政党执政，无论在任何领域，都须有理论的支撑。而任何理论，在实践中，都有一个不断丰富、发展、完善的过程，中国共产党民族理论在贵州甚至于全国的实践，都证明了这一历史的真理。

中国是一个多民族构成的国家，由于少数民族分布地域广，人口多，历代统治者都必须高度重视这一特殊的国情，方能有效治理国家。中国共产党作为一个伟大的政党，带领全国各族人民根据不同历史时期特征，不断总结经验，不断调整政策，使民族理论政策日臻完善。从革命时期、新中国成立时期到改革开放至今，中国共产党根据马克思主义的民族理论，较好地处理了不同历史时期的民族关系，为中国革命的成功和新中国成立以来取得的伟大成就提供了重要保障。

今天，我们认真回顾和总结中国共产党在处理民族关系中从理论到实践的历史进程，把握不同领域不同时期的工作特征，对于在新的历史条件下，构建和谐社会、推进中华民族的伟大复兴事业具有重要意义。

贵州民族事务委员会与贵州民族学院在 2005 年共同组建的贵州民族科学研究院，首先对中国共产党民族理论在贵州的实践这一重大课题展开研究，组织了众多专家学者，从区域自治、人口政策、经济工作、民族工作、民族语言文字、宗教、民族文化、民族教育、民族传统体育、民族医药卫生等十个方面多角度、宽领域讨论了不同时期党的民族理论与政策在指导贵州革命与建设的利与弊、得与失。以广阔的贵州历史为背景，厘清了历代统治者民族政策的经验教训，在这一基础上彰显了党的民族理论的光辉、政策的伟大。

贵州的历史告诉我们，历届中共省委、省人民政府在中国共产党民族理论指导下，结合贵州实际，正确贯彻执行党的民族政策，带领全省各族人民极大地推进了贵州经济社会的发展，为贵州各民族的和谐发展做了许多有益的工作，功不可没。各民族共同团结奋斗、共同繁荣发展是贵州历史的写照。

感谢贵州民族学院的各位专家，是你们在百忙之中，为此书的出版倾注了大量心血，感谢主编杨昌儒同志对此书的悉心指导和安排，我愿与你们一道继续为贵州民族事业的发展，为贵州全面小康社会的实现，贡献自己的微薄之力。

是为序。

徐　飞

二〇一一年元月八日

执政为民的一种诠释

《中国共产党民族理论与政策在贵州的实践丛书》总序

2005 年，贵州民族学院与贵州省民族事务委员会联姻的一个成果——贵州民族科学研究院成立。学校命我出任院长，当我和黄平副主任走上主席台，从吴嘉甫副省长的手上接过贵州民族科学研究院的牌匾时，面对幽深的摄影镜头，我感觉到其间的分量与责任。郝桂华主任对民族科学研究院寄予很大的希望，在百忙中抽出时间与民族科学研究院班子成员座谈。黄平副主任多次带着李平凡所长、颜勇主编到贵州民族学院商讨科学研究事宜。

根据郝桂华主任的指示精神，我们在贵州省民族事务委员会出版的《贵州民族工作五十年》编辑思路基础上，提出了“中国共产党民族理论在贵州的实践”的研究意向。黄平副主任在听取我们的汇报之后，充分肯定了该课题的研究意义，并要求民族科学研究院提出详细的研究大纲。我们把丛书的大纲提交贵州省民族事务委员会主任办公会议，与会的领导给予了充分的肯定，并就研究工作的宗旨、原则作了具体的指示，对研究应达到的目标提出了明确的要求。2008 年徐飞副主任分管此项工作后，多次听取民族科学研究院的汇报，并指示我们再对大纲进行一次认真的思考，力争出精品。根据徐飞副主任的意见，我们曾试图将丛书改为一本书，在反复磋商之后，感觉到用一本书的篇幅很难完成对中国共产党执政以来贵州的民族工作实践的梳理，只好又回到丛书的编写体例中来。通过这样反复的研究之后，我们对原来的大纲进行了修改，形成了呈现在大家面前的这个丛书体例。

为了确保研究工作有序开展，我们组建了丛书编辑委员会，下设学术委员会和联络协调办公室。大概因为我是民族科学研究院院长的缘故，大家推我担任学术委员会主任、丛书主编，学术委员会成员由杨昌儒、石开忠、李平凡、颜勇、龙耀宏等组成，石开忠博士学成归来，担任民族科学研究院常务副院长，自然也就是本丛书的主要策划人和联络协调办公室的主任了。

研究工作是采取课题负责人制度展开的，由有相关专题研究旨趣且有一定研究成果的专家自愿报名，学术委员会审定，明确课题负责人，然后由课题负责人自行组织研究班子。这些课题是：“贵州民族区域自治研究”“贵州民族人口政策研究”“贵州民族研究工作研究”“贵州少数民族语言文字工作研究”“贵州民族识别工作研究”“贵州民族教育研究”“贵州民族经济工作研究”“贵州民族宗教工作研究”“贵州民族文化工作研究”“贵州民族传统体育工作研究”“贵州民族医药卫生工作研究”。各专题的同志们起早贪黑、日以继夜地工作，在各大图书馆和网络图书馆之间奔波，一些专题的学者还深入少数民族地区调查，成就了这套《中国共产党民族理论与政策在贵州的实践丛书》的出版。

因为第九届少数民族运动会将在贵州举行，我们试图把这套丛书作为献礼。如果社会各界人士，尤其是国内同行们能够关注本丛书，并认为是一种礼品，那将是我们贵州省民族学界的荣幸。

众所周知，中国共产党的民族理论是马克思主义民族理论与中国实际相结合的产物。显然，中国共产党民族理论的实践性就成为其首要的特点。因此，回望中国共产党民族理论在贵州的实践，讨论其利与弊、得与失，对于丰富中国共产党的民族理论和进一步做好贵州省的民族工作具有积极的意义。这也是我们在策划本丛书时的旨趣所在，我们要求各专题在描述事件发展进程时，要用学理的眼光去审视历史，不回避问题，并尽可能地分析问题，提出解决问题的意见。如果说需要说明专题的特色，我想，这就是本丛书的特色。相信本丛书出版后能够引起有关领导和部门的重视，产生应有的效果。

回望中国共产党在贵州执政以来的历程，我们惊叹民族理论的魅力。在中国共产党民族理论指导下，中共贵州省委、贵州省人民政府正确贯彻执行民族政策，各民族干部群众齐心协力，以不懈的努力推进贵州少数民族地区经济文化发展和社会进步，努力缩小与先进发达地区的差距。贵州省18个世居民族都从各自的起点上，大踏步地前进，各民族空前团结，民族社会经济文化的发展取得了巨大的进步。虽然横向比较贵州仍然处于“欠发达、欠开发”状态，但人民生活一天比一天好，可谓是“芝麻开花节节高”，这也是一个不争的事实。

我在贵州民族学院从事民族理论的教学与研究近30年，以往只是针对自己感兴趣的内容做过专题研究，如此全面而又系统地梳理中国共产党民族理论在贵州的实践过程，尚为初次尝试。此次承担如此重大的使命，感受中国共产党民族理论在实践工作层面的浸润并发挥其指导作用的过程，对于提高自身的学术修养，当是有幸之至。身为本丛书的主编，写下这些文字权且作丛书来历的一个交代。今后，我将与同行们以及我的学生们一道，继续探讨贵州的民族问题，为民族的生存与发展，为民族平等与团结鼓与呼。

是为序。

杨昌儒

2010年3月20日于花溪河畔觉悟斋

目录

第一章　贵州世居少数民族语言文字

第一节　贵州世居少数民族成分、人口、分布及语言使用情况

据全国第五次人口普查统计，贵州共有49个民族成分，少数民族成分之多仅次于云南和新疆，居全国第三位。其中苗族、布依族、侗族、土家族、彝族、仡佬族、水族、回族、瑶族、白族、壮族、畲族、毛南族、蒙古族、仫佬族、满族、羌族17个民族是世代居住在贵州的少数民族。

到2007年末，贵州全省总人口为3985.04万，其中少数民族人口为1508.3万，占全省总人口的37.85%。人口超过100万的少数民族有苗族、布依族、侗族、土家族，超过50万的有彝族、仡佬族，超过30万的有水族。

苗族主要居住于黔东南苗族侗族自治州、黔南布依族苗族自治州、黔西南布依族苗族自治州和安顺市、贵阳市、毕节地区、六盘水市和松桃苗族自治县；布依族主要居住于黔南布依族苗族自治州、黔西南布依族苗族自治州、安顺市和铜仁地区；侗族主要居住于黔东南苗族侗族自治州、铜仁地区和黔南布依族苗族自治州；土家族主要居住在铜仁地区和遵义市；彝族主要居住在毕节地区和六盘水市；仡佬族主要居住在遵义市、安顺市、铜仁地区、六盘水市、毕节地区；水族主要居住在三都水族自治县以及荔波、都匀、独山、榕江等县；回族主要居住在威宁彝族回族苗族自治县、兴仁县、平坝县、普安县、六盘水市、贵阳市；白族主要居住在毕节地区和六盘水市；瑶族主要居住于荔波、榕江、从江、望谟、丹寨等县；壮族主要居住于从江、黎平、独山、荔波等县；畲族主要居住于麻江、凯里、都匀、福泉等县（市）；毛南族主要居住于平塘、独山、惠水等县；蒙古族和满族主要集中在毕节地区；仫佬族主要居住于麻江、凯里、黄平、福泉、都匀、瓮安等县（市）；羌族主要居住于石阡县、江口县。

在贵州1500多万少数民族人口中，有900多万人以自己的母语为主要交际工具，约占少数民族总人口的65%，有500多万人不懂汉语（主要是偏远地区的少数民族群众，尤其是妇女和儿童），有200多万人只是半懂汉语。在以少数民族为主的地区，当地汉族或其他少数民族通晓当地主体少数民族语言的现象很普遍。尤其是苗族、布依族、侗族、彝族四个主要少数民族使用母语的比例很高，其语言也常被其他民族兼用或转用。据2007年终调查，17个世居少数民族人口有1317.92万人，其中掌握本民族语言的人口有698.2万人，占52.98%，半掌握本民族语言的人口有111.35万，占8.45%，不掌握本民族语言的人口有508.37

万（主要是土家族、回族、蒙古族、满族），占 38.57%，通晓汉语的人口为 1057.65 万，占 80.25%，半通晓汉语的人口为 134.68 万，占 10.22%，不通晓汉语的人口为 125.66 万（主要是儿童、妇女和老人），占 9.53%（如表 1-1 所示）。苗族、布依族、侗族、彝族、壮族、水族、瑶族、毛南族、畲族、仡佬族语言保留完好。回族、白族、蒙古族、仫佬族、土家族、满族、羌族本民族语言已失传或只有少数老年人能懂一些。随着“普九”“两基”攻坚、扶贫攻坚的实施，广播电视的普及、交通条件的改善以及少数民族劳动力外出务工人数的增加，各少数民族通晓汉语的比例在逐步提高，这是经济社会发展的必然趋势。

表 1-1 贵州少数民族语言使用情况调查统计表（截至 2007 年底）①

单位：万人

民族		苗族	布依族	侗族	土家族	彝族	仡佬族	水族	回族	白族
人口		479.63	296.26	173.44	132.91	89.96	55.04	37.32	15.95	14.21
掌握本民族语言	人数	339.31	175.71	91.61	0.05	54.06	0.49	27.2	0.11	0.21
	占总人口比例	70.74%	59.31%	52.82%	0.03%	60.09%	0.89%	72.88%	0.69%	1.48%
半掌握本民族语言	人数	39.18	39.61	15.42	0.06	8.02	0.47	6.34	0.47	0.31
	占总人口比例	8.17%	13.37%	8.90%	0.04%	8.92%	0.89%	16.99%	2.95%	2.18%
不掌握本民族语言	人数	101.24	80.75	66.45	132.8	28.82	54.08	3.77	15.37	13.69
	占总人口比例	21.11%	27.26%	38.31%	99.93%	32.04%	98.26%	10.10%	96.36%	96.34%
通晓汉语	人数	365.31	248.27	115.37	132.91	77.84	54.92	14.42	15.94	14.13
	占总人口比例	76.16%	83.80%	66.52%	100%	86.53%	99.78%	38.64%	100%	99.44%
半通晓汉语	人数	57.88	32.03	28.70		3.26	0.07	10.31	0.001	0.06
	占总人口比例	12.07%	10.81%	16.55%		3.62%	0.13%	27.63%		0.42%
不通晓汉语	人数	56.66	16.01	29.30		8.90	0.05	12.50	0.001	0.02
	占总人口比例	11.81%	5.40%	16.89%		9.89%	0.09%	33.49%		0.14%

① 表中数据来源于贵州省少数民族语言文字办公室编《贵州民族语文工作手册》，（黔）内资准字第 205 号，2008 年 8 月，第 226 页。部分少数民族人口数和 2000 年第五次人口普查统计略有出入。

（续表）

民族		瑶族	壮族	畲族	毛南族	蒙古族	仫佬族	满族	羌族	合计
人口		4.51	3.01	3.90	3	4.37	3.01	1.22	0.18	1317.90
掌握本民族语言	人数	2.91	2.28	2.40	1.70	0.03	0.13	0.0014		698.20
	占总人口比例	64.52%	75.75%	61.54%	56.67%	0.69%	4.31%			52.98%
半掌握本民族语言	人数	0.25	0.15	0.35	0.60	0.023	0.10	0.0019		111.35
	占总人口比例	5.54%	4.98%	8.97%	20%	0.46%	3.32%			8.45%
不掌握本民族语言	人数	1.35	0.58	1.10	0.76	4.32	2.87	1.22	0.18	508.37
	占总人口比例	29.93%	19.27%	28.21%	25.33%	98.86%	95.35%	100%	100%	38.57%
通晓汉语	人数	2.55	1.85	3.10	2.25	4.36	2.97	1.22	0.18	1057.65
	占总人口比例	56.54%	61.46%	79.49%	75%	99.77%	98.67%	100%	100%	80.25%
半通晓汉语	人数	0.66	0.46	0.66	0.54	0.01	0.037			134.68
	占总人口比例	14.63%	15.28%	16.92%	18%	0.23%	1.22%			10.22%
不通晓汉语	人数	1.32	0.70	0.14	0.21	0.0008	0.006			125.66
	占总人口比例	29.27%	23.26%	3.59%	7%					9.53%

从语言的系属来看，苗族、瑶族、畲族语言属汉藏语系苗瑶语族，壮族、侗族、布依族、水族、仫佬族、毛南族、仡佬族语言属汉藏语系壮侗语族，彝族、白族、土家族、羌族语言属汉藏语系藏缅语族，满族语言属阿尔泰语系满—通古斯语族，蒙古族语言属阿尔泰语系蒙古族，回族在历史上早已转用汉语。下文将对贵州世居少数民族的语言文字进行介绍，由于白族、蒙古族、仫佬族、羌族、满族、土家族、回族 7 个民族的语言已失传，或只有少数老年人会讲，所以在本书中将不再作介绍。

第二节　苗瑶语族语言文字

一、苗族语言文字

1. 苗族简介

苗族是我国人口较多的少数民族之一，其历史悠久、分布广阔。苗族又是一个世界性民族，在世界五大洲都有其足迹，主要分布在泰国、老挝、越南、法国、德国、英国、加拿大、阿根廷、澳大利亚、美国等国家。在国内，世居的苗族主要分布在黔、湘、滇、川、桂、鄂、渝及海南、陕西、北京十个省、市、自治区。据 2000 年全国第五次人口普查统计，贵州省的苗族人口为 429.99 万人，占全国苗族总人口的 48.1%，是全省少数民族中人口最多的民族。

苗族在历史上经过几次大迁徙后，住地已分成几大片，后来又有局部迁徙，甚至有一些到近现代还零星迁移，与兄弟民族交错杂居，更显得分散。目前，除贵州省黔东南苗族侗族自治州为一大聚居区，人口超过百万，以及松桃苗族与湘、鄂、川苗族连成一片为另一大聚居区，人口也超过百万之外，贵州中西部的苗族分布较分散，多居住在高山或几县接壤的偏僻地区，与其他民族杂居相处。贵州苗族的分布，在村寨或乡的范围内，大多为小聚居区，在各县市范围内，大多为苗汉杂居或苗族与其他少数民族杂居。

2. 苗族语言

（1）方言、土语的划分

贵州的苗族，大约 90%的人都以自己的母语作为日常生活中的主要用语。苗语属于汉藏语系苗瑶语族苗语支。由于本民族不断迁徙等原因，苗语方言土语的划分及分布情况十分复杂。苗语分三大方言，即东部方言、中部方言和西部方言。三大方言划分的主要依据是鼻冠音声母的类型。西部方言内部的差别很复杂，因而内部又分方言、次方言、土语三级；东部方言和中部方言内部差异不像西部方言那么复杂，所以只分方言、土语两级。

东部方言有两个土语：东部土语在贵州省境内没有分布，西部土语分布在贵州松桃苗族自治县和铜仁市的部分苗族村寨。

中部方言有五个土语：东部土语主要在锦屏县境内；南部土语分布在从江县、榕江县、黎平县境内；西部土语分布在凯里、台江、剑河、麻江、丹寨、三都等县（市）的村寨；北部土语主要分布在黄平、施秉、镇远、福泉各县（市）村寨，清镇、平坝、镇宁、关岭、兴仁、安龙、贞丰、册亨、望谟等县（市）亦有零星分布；中部土语分布在雷山县境内。

西部方言划分为七个次方言，即川黔滇次方言、滇东北次方言、贵阳次方言、惠水次方言、麻山次方言、罗泊河次方言和重安江次方言。各次方言除滇东北次方言外又划分许多土语。川黔滇次方言分第一土语和第二土语。第一土语分布在金沙、赤水、仁怀、遵义、息烽、毕节、纳雍、黔西、大方、织金、普定、普安、兴义、镇宁、安顺、六盘水等县（市）及贵阳的少部分地区。第二土语分布在水城特区、纳雍、赫章、大方等县（特区）。滇东北次方言分布在威宁、紫云、镇宁、普定、织金、黔西等县和水城特区。贵阳次方言分三个土语：北部土语主要分布在贵阳市郊区，以及平坝县、金沙县、黔西县、镇宁县、贵定县的部分地区；西南土语分布在平坝、清镇、安顺、长顺等县（市）以及花溪区的部分地区；南部土语分布在安顺市和镇宁布依族苗族自治县的部分地区。惠水次方言内部分为四个土语：北部土语分布在花溪区高坡，惠水县羊场及贵定县的塘堡、平伐等地；西南土语分布在惠水县的雅水、断杉及长顺县的摆塘、中果等地；中部土语分布在惠水县的摆金及长顺、紫云两县的部分地区；东部土语分布在惠水县的高摆榜和平坝县的西关等地。麻山次方言分四个土语：中部土语分布在紫云苗族布依族自治县的宗地、妹场等地以及望谟县的麻山、乐宽等地；西部土语分布在望谟县的打易、翁道，紫云苗族布依族自治县的四大寨等村寨；北部土语分布在长顺、罗甸、惠水三县的部分村寨；东南土语分布在罗甸县的大亭乡小苗寨。罗泊河次方言分东部土语和西部土语，主要分布在福泉、贵定、开阳、凯里、龙里、贵阳市乌当区等地部分村寨。重安江次方言分布在黄平县的重新、崇人及凯里市的龙场、狗场、龙山、碧波等地。

不同方言或不同次方言的人，语言互不相通，方言或次方言内部不同土语的人，通话也比较困难。苗语内部差别之大，复杂之极，可以说居国内各少数民族语种之首。

（2）语音系统

A.东部方言

东部方言的苗族自称qo^{214}ɕoŋ^{214}。苗语东部方言的音系，我们以松桃苗族自治县木树乡的苗语为例加以说明。

声 母（55个）：

p	p^{h}	mp	mp^{h}	m	pj	p^{h}j	mpj	mp^{h}j	mj	
t	t^{h}	nt	nt^{h}	n	l	lj				
ts	ts^{h}	nts	nts^{h}		s					
ʈ	ʈ^{h}	ɳʈ	ɳʈ^{h}	ɳ	ʂ	ʐ				
tɕ	tɕ^{h}	ȵtɕ	ȵtɕ^{h}	ȵ	ɕ	ʑ				
k	k^{h}	ŋk	ŋk^{h}	ŋ	kw	k^{h}w	kj	ŋkw	ŋw	w
q	q^{h}	ɴq	ɴq^{h}		h	qw	ɴqw	ʔ		

声母例词如下：

p：pə^{53}睡	p^{h}：p^{h}a^{53}劈	mp：mpa^{53}猪	mp^{h}：mp^{h}u^{53}撒
m：me^{21}有	pj：pji^{214}毛	p^{h}j：p^{h}jo^{214}吹	mpj：mpjo^{214}绿
mp^{h}j：mp^{h}jə^{53}喊	mj：mjɯ^{21}耳朵	t：te^{214}儿子	t^{h}：t^{h}aŋ^{44}风箱
nt：ntu^{53}树	nt^{h}：nt^{h}o^{53}薅	n：nen^{214}蛇	l：lou^{53}铁
lj：lje^{53}饭	ts：tsɛ̃^{22}凉	ts^{h}：ts^{h}ei^{44}漆	nts：ntsa^{44}洗（脚）
nts^{h}：nts^{h}o^{53}洗（衣）	s：soŋ^{44}骨头	ʈ：ʈɯ^{32}筷子	ʈ^{h}：ʈ^{h}o^{53}拿
ɳʈ：ɳʈoŋ^{214}当中	ɳʈ^{h}：ɳʈ^{h}u^{214}裹腿	ɳ：ɳaŋ^{22}鼓	ʂ：ʂo^{214}声音
ʐ：ʐu^{53}好	tɕ：tɕaŋ^{53}放	tɕ^{h}：tɕ^{h}aŋ^{214}穿（针）	
ȵtɕ：ȵtɕɯ^{44}盐	ȵtɕ^{h}：ȵtɕ^{h}ɯ^{44}血	ȵ：ȵi^{214}媳妇	ɕ：ɕɛ̃^{44}熟
ʑ：ʑei^{53}飞	k：ku^{22}十	k^{h}：k^{h}o^{44}穷	ŋk：ŋkɯ^{214}菌子
ŋk^{h}：ŋk^{h}u^{44}弯曲	ŋ：ŋaŋ^{32}勤快	kw：kwei^{21}黄	k^{h}w：k^{h}waŋ^{53}套着
kj：kja^{44}孙子	ŋkw：ŋkwe^{214}瞌睡		ŋw：ŋwen^{21}姑娘
w：wei^{214}簸箕	q：qa^{214}鸡	q^{h}：q^{h}a^{53}客	ɴq：ɴqa^{53}价
ɴq^{h}：ɴq^{h}e^{44}渴	h：hu^{44}喝	qw：qwɯ^{44}狗	ɴqw：ɴqwa^{53}缺口
ʔ：ʔou^{214}二			

韵 母（14个）：

i	e	a	ɑ	o	u	ɯ	ə	ɛ̃
	ei			ou				
	en							
		aŋ		oŋ				

韵母例词如下：

i：tɕi^{214}苦胆	e：tɕe^{214}蒸	a：ȵtɕ^{h}a^{53}怕	ɑ：ȵtɕ^{h}ɑ^{53}水獭
o：tɕo^{21}九	u：tɕu^{214}针	ɯ：tɕɯ^{44}酒	ə：tɕə^{53}嗅

ɛ̃：tɕɛ^{214}过（年）　ei：pei^{21}花　ou：tɕou^{21}桥　en：men^{22}辣

aŋ：tɕaŋ^{32}栽　oŋ：tɕoŋ^{53}坐

声 调（8 个）：

调类	1	2	3	4	5	6	7	8
调值	214	21	44	22	53	32	44	22
例词	tɯ^{214}	tɯ^{21}	tɯ^{44}	tɯ^{22}	tɯ^{53}	ta^{32}	ta^{44}	ta^{22}
汉语	答	锤子	剥	手	霜	死	外婆	踩

B.中部方言

该方言主要分布在黔东南苗族侗族自治州和与之邻近的地区，清镇、平坝、镇宁、关岭、兴仁、安龙、贞丰、望谟、册亨等县市的部分苗族村寨也有分布。中部方言有东、南、西、北、中五个土语。中部方言的苗族自称m̥u^{33}、qa^{33}nəu^{31}、m̥au^{13}、ta^{33}m̥o^{33}、ta^{11}həu^{33}。中部方言的音系以凯里市挂丁养蒿寨（现为凯里市三棵树镇养蒿村）的苗语为例。

声母（39 个）：

p	p^{h}	m	m̥^{h}	f	f^{h}	v	
t	t^{h}	n	n̥^{h}	l̥	l̥^{h}	l	lj
tj	t^{h}j	nj	n̥j	l̥j	l̥^{h}j		
ts	ts^{h}	s	s^{h}				
tɕ	tɕ^{h}	ɕ	ɕ^{h}	ʑ			
k	k^{h}	ŋ	x^{h}	ɣ			
q	q^{h}	h	ʔ				

声母例词如下：

p：pi^{33}三	p^{h}：p^{h}i^{35}烧	m：ma^{55}拍	m̥^{h}：m̥^{h}a^{44}说
f：fa^{33}瓜	f^{h}：f^{h}a^{33}搓	v：vɛ^{55}天	t：tu^{11}火
t^{h}：t^{h}a^{44}箍	n：naŋ^{35}老鼠	n̥^{h}：n̥^{h}aŋ^{53}听	l̥：l̥o^{33}四
l̥^{h}：l̥^{h}ɛ^{44}抚摩	l：lɛ^{35}短	lj：ljo^{35}黄牛	tj：tju^{44}六
t^{h}j：t^{h}ji^{53}插	nj：njəu^{11}鼓	n̥j：n̥jaŋ^{53}汗	l̥j：l̥ju^{33}毛
l̥^{h}j：l̥^{h}jəu^{33}大	ts：tsen^{35}果子	ts^{h}：ts^{h}o^{33}吹	s：sa^{44}柴刀
s^{h}：s^{h}oŋ^{35}骨头	tɕ：tɕa^{33}药	tɕ^{h}：tɕ^{h}u^{33}肚子	ɕ：ɕəu^{35}老虎
ɕ^{h}：ɕ^{h}əu^{35}热	ʑ：ʑa^{31}八	k：ka^{35}饭	k^{h}：k^{h}i^{35}姜
ŋ：ŋa^{55}肉	x^{h}：x^{h}i^{33}新	ɣ：ɣoŋ^{55}龙	q：qa^{35}屎
q^{h}：q^{h}aŋ^{35}洞	h：ha^{33}鞋	ʔ：ʔo^{33}二	

韵母（10 个）：

i　ɛ　a　o　u　ei　əu　en　aŋ　oŋ

韵母例词如下：

i：tji^{33}打	ɛ：tɛ^{33}儿子	a：ta^{33}厚	o：to^{33}布
u：tu^{33}搁放	ei：tei^{53}姑妈	əu：təu^{44}树	en：ten^{33}杯子
aŋ：taŋ^{11}等候	oŋ：ɣoŋ^{55}龙		

声调（8 个）：

调类	1	2	3	4	5	6	7	8
调值	33	55	35	11	44	13	53	31
例词	tɕu^{33}	tɕu^{55}	tɕu^{35}	tɕu^{11}	tɕu^{44}	tɕu^{13}	tɕu^{53}	tɕu^{31}
汉语	针	荞麦	酒	完	锯	膝盖	啄	十

C.西部方言

在贵州省境内该方言分布在毕节地区、安顺地区、六盘水市、黔西南布依族苗族自治州、黔南布依族苗族自治州、遵义地区、贵阳市等地的村寨。西部方言的音系以川黔滇次方言川黔滇土语（毕节市燕子口镇大南山苗语）为例。

声母（56 个）：

p	pʰ	mp	mpʰ	m	m	f	v	pl	pʰl	mpl	mpʰl
t	tʰ	nt	ntʰ	n	n̥	l	l̥				
ʈ	ʈʰ	ɳʈ	ɳʈʰ						ʈl	ʈʰl	
ʈʂ	ʈʂʰ	ɳʈʂ	ɳʈʂʰ				ʂ	ʐ			
tɕ	tɕʰ	ȵtɕ	ȵtɕʰ	ȵ	ȵ̥		ɕ	ʑ			
k	kʰ	ŋk	ŋkʰ	ŋ							
ts	tsʰ	nts	ntsʰ				s				
q	qʰ	ɴq	ɴqʰ				h	ʔ			

声母例词如下：

p：pou^{43}知道	pʰ：pʰua^{44}劈	mp：mpua^{44}猪	mpʰ：mpʰoŋ^{44}撒
m：mo^{11}去	m̥：m̥oŋ^{43}苗族	f：fu^{43}瓢	v：vaŋ^{43}簸箕
pl：plou^{43}四	pʰl：pʰlo^{44}脸	mpl：mple^{31}稻谷	mpʰl：mpʰlai^{43}戒指
t：te^{11}手	tʰ：tʰo^{55}松树	nt：ntou^{33}打	ntʰ：ntʰaŋ^{43}楼
n：nau^{31}吃	n̥：n̥a^{55}牙齿	l：lou^{11}老	l̥：l̥i^{44}月
ʈ：ʈou^{44}六	ʈʰ：ʈʰo^{44}拨	ɳʈ：ɳʈua^{11}鼓	ɳʈʰ：ɳʈʰoŋ^{43}裹腿
ʈl：ʈle^{31}水	ʈʰl：ʈʰla^{44}跳	ʈʂ：ʈʂau^{44}衣服	ʈʂʰ：ʈʂʰe^{55}房子
ɳʈʂ：ɳʈʂe^{55}盐	ɳʈʂʰ：ɳʈʂʰaŋ^{55}血	ʂ：ʂou^{44}写	ʐ：ʐoŋ^{44}好
tɕ：tɕua^{24}饭	tɕʰ：tɕʰe^{43}扫	ȵtɕ：ȵtɕua^{55}粑粑	ȵtɕʰ：ȵtɕʰo^{44}烟子
ȵ：ȵau^{43}坐	ȵ̥：ȵ̥o^{55}肠子	ɕ：ɕoŋ^{44}年	ʑ：ʑau^{24}是
k：ko^{55}我	kʰ：kʰou^{44}鞋	ŋk：ŋkau^{31}船	ŋkʰ：ŋkʰou^{33}弯曲
ŋ：ŋo^{11}鹅	ts：tsi^{55}果子	tsʰ：tsʰo^{55}小米	nts：ntso^{55}早
ntsʰ：ntsʰai^{33}女儿	s：so^{55}线	q：qe^{44}蛋	qʰ：qʰau^{55}洞
ɴq：ɴqai^{31}肉	ɴqʰ：ɴqʰe^{33}渴	h：hua^{43}雾	ʔ：ʔa^{43}苦

韵母（9 个）：

a　o　u　en　ai　ou　ua　aŋ　oŋ

韵母例词如下：

a：ta^{43}裙子	o：to^{13}咬	u：tu^{55}尾巴	en：nen^{11}马
ai：tai^{11}碗、钵	ou：tou^{43}瓜	ua：tua^{44}杀	aŋ：taŋ^{11}完
oŋ：toŋ^{31}铜			

声调（8 个）：

调类	1	2	3	4	5	6	7	8
调值	43	31	55	11	44	24	33	13
例词	nto^{43}	nto^{31}	nto^{55}	nto^{11}	nto^{44}	nto^{24}	nto^{33}	nto^{13}
汉语	湿	天	砍	（裙）边	吐	粗大	纳（布）	紧密

（3）语法

苗语的语法特点在各个方言和次方言中基本一致。以黔东方言养蒿话为例，词类可分名词、代词、指示词、数词、量词、动词、形容词、状词、副词、介词、连词、助词、叹词 13 类，词组有联合词组、修饰词组、支配词组、补充词组、主谓词组、结构助词词组，句子成分有主语、谓语、表语、宾语、补语、定语、状语 7 种成分，除此之外也有复指成分和独立成分。以黔东方言养蒿话为例（前两个例句里的划线部分为复指成分，后两个例句里的画线部分为独立成分）：

maŋ^{55} tei^{35} tsaŋ^{55} ɛ^{33} vaŋ^{55} ȶi^{13} taŋ^{55} vi^{31}？（你们队长埃旺是党员？）

你们 队 长 埃 旺 是 党 员

tə^{55} hɛ^{33} l̥hə^{44} hɛ^{33} ta^{33}tu^{11} hɛ^{33} to^{11} noŋ^{35} pi^{33} faŋ^{33} tu^{33} ȵaŋ^{33}。

铜 和 铁 和 煤 和 些 这 我们 地方 都 有

（铜、铁、煤，这些（东西）我们地方都有）。

tei^{35} tsaŋ^{55}，moŋ^{55} moŋ^{11} haŋ^{35} tei^{13}？（队长，你去哪里？）

队 长 你 去 哪里

moŋ^{55} ŋi^{44}，ho^{55} tshei^{33} lo^{11} ʑaŋ^{55}！（你看，火车来了！）

你 看 火 车 来 了

句子成分的基本语序是：主语+谓语+宾语。名词作定语，表领属关系时一般放在中心语前面，表限定关系时一般放在中心语后面。以黔东方言养蒿话为例（例句中画线的部分为定语）：

ɛ^{33} ɕaŋ^{31} pa^{35} ȶi^{13} sen^{33} tshɛ^{55} tei^{35} tsaŋ^{55}。（埃祥的父亲是生产队长。）

埃 祥 父亲 是 生 产 队 长

tsɛ^{35} ŋi^{11} ɣu^{44} ɕhaŋ^{44} tsɛ^{35} qɛ^{33}。（瓦房比草房好。）

房 瓦 好 过 房 草

按结构分类，句子有单句和复句；按语气分类，句子有陈述句、疑问句、祈使句、感叹句。

（4）词汇

从结构来看，苗语词分单纯词和合成词两种。单纯词有单音节和双音节之分，以单音节为主。合成词有由一个基本成分和一个附加成分构成的，也有由两个基本成分构成的；附加成分有在前的、也有在后的。合成词的构造形式主要有并列式、修饰式、支配式、补充式四种。

另外，在苗语中还有大量的并列四音格。以黔东方言养蒿话为例：

①a. ABAC 式

qa^{33}zaŋ^{55} qa^{33}tə^{44}（杂草）

草 树

②ABCD 式

ə^{33} khi^{33} tu^{11} za^{31}（水深火热）

水 深 火 热

③AABB 式

ŋa[55] ŋa[55] tɕu[35] tɕu[35]（酒肉）

肉 肉 酒 酒

3. 苗族文字

苗族在历史上没有自己通用的文字，但在局部地区、部分人群中创制和使用过苗文。

清代，湖南省花垣县苗族秀才石板塘曾利用汉字创造了湘西方块苗文；抗日战争时期，苗族学者石启贵也为湘西苗族创造了一种文字；民国时期，澳大利亚牧师胡托在凯里市旁海利用汉字创造了苗文。19 世纪初，英国传教士伯格理到威宁一带传教，出于传教的需要，他和苗族教徒杨雅各、汉族教徒李司提反等为滇东北方言区的苗族创造了苗文。这种苗文影响较大，目前还在使用，俗称老苗文。其他几种苗文现在早已销声匿迹。所以，1956 年以前除滇东北地区以外，苗族广大地区都没有自己的文字。

1956 年，中国科学院少数民族语言调查第二工作队经过实地调查，为苗族群众创制了三种苗文，即黔东方言苗文、川黔滇方言苗文、湘西方言苗文，改革了一种苗文，即滇东北方言苗文。1957 年，苗族 4 种文字方案经中央民族事务委员会批准后试验推行。

（1）湘西苗文

适用于苗语东部方言地区，文字以湖南省湘西土家族苗族自治州花垣县吉卫乡苗语为标准音。有 48 个声母：b、p、nb、np、m、hm、f、w、bl、pl、npl、ml、d、t、nd、nt、n、hn、hl、l、z、c、nz、nc、s、zh、ch、nzh、nch、nh、sh、r、j、q、nj、nq、x、y、g、k、ngg、ngk、ng、gh、kh、ngh、nkh、h；有 35 个韵母：a、o、e、ea、ao、eu、ou、ei、en、an、ang、ong、i、iu、ia、io、ie、iea、iao、ieu、iou、in、ian、iang、iong、u、ua、ue、uea、ui、ueu、uou、un、uan、uang。

有 8 个声调：

调类	一	二	三	四	五	六	七	八
调号	b	x	d	l	t	s	k	f
调值	35	31	44	22	53	42	44	22

（2）黔东苗文

适用于苗语中部方言地区，文字以贵州省凯里市挂丁养蒿寨苗语为标准音。有 32 个声母：b、p、m、hm、f、hf、w、d、t、n、hn、dl、hl、l、z、c、s、hs、r、j、q、x、hx、y、g、k、ng、hv、v、gh、kh、h；有 26 个韵母：i、e、a、o、u、ai、ei、en、ang、ong、ia、io、iu、ie、in、iang、iong、ee、ao、iee、iao、ui、ua、uai、un、uang。

有 8 个声调：

调类	一	二	三	四	五	六	七	八
调号	b	x	d	l	t	s	k	f
调值	33	55	35	22	44	13	53	31

（3）川黔滇苗文

主要适用于苗语西部方言川黔滇次方言川黔滇土语地区，文字以贵州省毕节市燕子口镇大南山寨苗语为标准音。有 56 个声母：b、p、nb、np、m、hm、f、v、bl、pl、nbl、npl、d、t、nd、nt、n、hn、dl、tl、hl、l、z、c、nz、nc、s、dr、tr、ndr、ntr、zh、ch、nzh、 nch、sh、r、j、q、nj、nq、ny、hny、x、y、g、k、ng、nk、ngg、gh、kh、ngh、nkh、h、w；有 28 个韵母：i、e、a、o、u、eu、ai、ao、ou、ua、en、ang、ong、ie、io、iu、iao、an、ian、in、iang、ui、ue、uai、un、uan、uang、er。

有 8 个声调：

调类	一	二	三	四	五	六	七	八
调号	b	x	d	l	t	s	k	f
调值	43	31	55	11	44	24	33	13

（4）滇东北苗文

适用于苗语西部方言滇东北次方言地区，文字以贵州省威宁彝族回族苗族自治县石门坎苗语为标准音。有 57 个声母：b、p、nb、np、m、hm、f、v、w、z、c、nz、nc、s、r、d、t、nd、nt、dl、tl、ndl、ntl、n、hn、hl、l、dr、tr、ndr、ntr、zh、ch、nzh、nch、nr、sh、j、q、nj、nq、ny、hny、x、y、g、k、ngg、nk、ng、hngg、hx、gh、kh、ngh、nkh、h；有 21 个韵母：a、o、u、i、ia、io、iu、e、w、ua、ai、ao、eu、yu、ang、ie、iw、iai、iao、ieu、iang。

有 8 个声调：

调类	一	二	三	四	五	六	七	八
调号	b	x	d	l	t	s	k	f
调值	53	35	55	11	33	31	11	31

二、瑶族语言

1. 瑶族简介

瑶族和苗族同源，是一个古老民族，先秦时期居住在长江中游的江汉地区，当时被泛称“南蛮”。大约在南北朝时期，分化为苗、瑶两个民族。大约在宋元之际，有一部分瑶族进入贵州境内，以后又陆续迁入。据 2000 年全国第五次人口普查统计，贵州省瑶族总人口为 4.44 万人。

目前贵州境内瑶族支系众多，内部服饰、风俗、语言以及在自称上差异都较大。荔波县瑶山瑶族，自称“董蒙”（toŋ^{55} mo^{55}），意思是“我们是这种人”；布依族称其为“尤”（ʐou^{21}），意思是“瑶人”；因瑶山瑶族男子经常穿白色五指绣花齐膝短裤，所以汉族称他们为“白裤瑶”“花裤瑶”。荔波县瑶麓瑶族，自称“努侯”（nu^{55} hou^{33}），意思是“穿我们这种服装的人”，水族称其为“谬六”（miou^{35} lo^{55}），意思是“苗六人”。荔波县瑶埃瑶族，自称“东蒙”（tuŋ^{33} muŋ^{33}），意思是“我们这种人”；布依族称其为“尤”（ʐou^{21}），意思是“瑶人”；因这支瑶族男子穿灰色长衫，所以汉族称其为“长衫瑶”。望谟县油迈瑶族，自称“满”（maŋ^{55}），意思是“我们是这种人”，俗称“油迈瑶”。黎平县瑶族和从江县高忙瑶族，自称“巴哼”（pa^{33} haŋ^{13}），侗族称其为“嘎优”（ka^{31} jiu^{33}），苗族称其为“大达优”（ta^{55} tia^{42} ju^{33}），意思是“瑶人”，俗称“红瑶”。榕江县、雷山县、丹寨县、剑河县、从江县（西山）、三都水族自治县瑶族，自称“容棉”（ʐoŋ^{21} min^{21}），意思是“瑶人”，因崇拜“盘瓠”而被称为“盘瑶”，又因经常在山间穿行，所以被称为“过山瑶”。从江县西山的盘瑶因妇女头饰是用杉木皮或薄杉木板衬成角状帽，还被称为“顶板瑶”或“板瑶”。

2. 瑶语的音系

瑶语属汉藏语系苗瑶语族，这一语族分苗语支和瑶语支。苗语支包括荔波瑶山土语、瑶麓土语、茂兰瑶埃土语；瑶语支包括榕江塔石瑶语、黎平滚董平茶瑶语、望谟油迈瑶语、麻江龙山河坝瑶语。

我们以荔波瑶山土语为例来说明瑶语的音系特征。

声母（共 40 个）：

p	p^{h}	mp	mp^{h}	m	m̥	f	v			
t	t^{h}	nt	nt^{h}	n	n̥	ɬ	l	tl	t^{h}l	ntl
ʦ	ʦ^{h}	nʦ	nʦ^{h}			s	ʐ			
ʨ	ʨ^{h}	ȵʨ	ȵʨ^{h}	ȵ	ȵ̊		ʑ			
k	k^{h}	ŋk	ŋk^{h}	ŋ	h	ɣ				
ʔ										

声母举例：

p：piu^{55}五　mp：mpe^{53}名字　mp^{h}：mp^{h}a^{44}女儿　m：ma^{13}不

m̥：tə^{33}m̥a^{53}晚上　f：fa^{55}头　v：vuɛ^{44}祖母　t：te^{31}地

n：naŋ^{55}蛇　n̥：n̥au^{53}枪　ɬ：ɬian^{44}饭　l：liə^{13}huŋ^{33}马

tl：tli^{44}nei^{44}什么　ntl：ntlia^{53}舌　ʦ^{h}：ʐɯ^{31}ʦ^{h}au^{55}唱　nʦ：nʦe^{44}盐

s：sə^{31}七　ʐ̩：ʐ̩ɯ^{31}ʦ^{h}au^{55}唱　k：ku^{44}我　k^{h}：k^{h}ɛ^{44}汉族

ŋk：ŋka^{44}肉　h：liə^{13}huŋ^{33}马　ɣ：ɣa^{55}菜　ʔ：ʔo^{55}鸭

韵母（33 个）：

i	e	ə	ɛ	a	ɑ	o	u	ɯ
ie	ei	uə	uɛ		uɑ	io	ui	
iə	iu	əu		ia	ɑu		ua	
iɑu	iɯ	iɑɯ			ɑɯ			
en				ɑn		un		
iɑŋ			uɑŋ		ɑŋ		uŋ	

韵母举例：

i：ȵi^{13}哭　e：ʨe^{33}说　ɛ：ʔɛ^{31}姐　a：na^{13}吃

ə：ʨə^{55}裤子　u：pu^{44}父　ɯ：ʨɯ^{33}十　o：ʔo^{31}打

ia：ntlia^{53}舌　ie：mpie^{13}耳朵　iə：k^{h}ɛ^{44}ɬiə^{31}苗族

iu：piu^{55}五　au：tə^{33}n̥au^{55}白天　aɯ：naɯ^{31}雨　əu：təu^{55}ʨə^{31}男人

ua：ʨua^{13}九　ui：ui^{33}ɬau^{53}月亮　ei：mei^{55}母　ian：ɬian^{44}饭

aŋ：ʦ^{h}aŋ^{55}衣服　uŋ：tuŋ^{13}铜

声调（共 8 个）

调类	1	2	3	4	5	6	7	8
调值	55	13	44	33	53	31	53	31
例词	nɑŋ^{55}	kuɑ^{13}	to^{44}	tɯ^{33}	tɑu^{53}	nu^{31}	ʔo^{53}	ka^{31}
汉语	蛇	黄	虱子	火	脚	鸟	鸭子	青蛙

3. 瑶语语法

贵州瑶语的语法结构，因语支不同而有明显差别。比如属瑶语支的榕江瑶语，名词修饰名词或形容词修饰名词时，修饰语在前；指示代词可单独作主语或宾语，也可直接修饰名词。指示代词修饰名词、量词、数量结构时，放在被修饰语的前面，其语法结构非常接近汉语。而归属苗语支的荔波瑶语，名词修饰名词时，修饰语要放在被修饰语的后面；指示代词不能单独作主语或宾语，它修饰量词时，要放在量词后面；副词修饰动词、形容词时，放在前面。

4. 瑶语词汇

瑶语词汇主要有这样几个特点。

（1）大量运用同义词来表达特有含义

如荔波瑶麓土语中对所倾慕的青年女子的爱称，有 20 多种：

vei^{55}	man^{55}	nou^{21}
va^{44}vei^{55}	yo^{21}man^{55}	tɕie^{55}nou^{21}
nou^{21}ŋo^{21}ntsoŋ^{55}	ŋki^{21}	va^{44}lou^{21}
tai^{21}	toŋ^{21}ŋki^{21}	ntsu^{21}lou^{21}
ntei^{33}tai^{21}	ʔau^{24}	pou^{21}
yen^{55}tai^{21}	yen^{55}tsɯ^{21}	ntsu^{21}pou^{21}
ntsu^{21}	pa^{21}	ntsu^{21}pa^{21}
va^{44}ntsu^{21}	…	

再如，代词“他们”，根据所包含的人的数量不同有三种说法：ȵtɕa^{24}（表示“他们”含两人）、kuo^{24}（表示“他们”含三人）、nei^{53}ta^{21}（表示“他们”含三人以上）。

（2）同音词多

比如，su^{21}，一般是“做”的意思，也可当“读”“当”“跳”“起”“缝”“网”等讲；ntuo^{13}，一般是“纸”的意思，也可当“书”“字”“钱”“名单”“报告”等讲；tau^{21}，一般是“死”的意思，也可当“醉”“灭”“熄”“枯”等讲。

（3）单音节单纯词多

从词的结构来看，瑶语中单音节单纯词数量很大。

贵州瑶族在历史上没有产生本民族的文字，在日常生活和交际过程中通用汉文。

三、畲族语言

1. 畲族简介

贵州省的畲族，自称“哈萌”，“哈”是“客”的意思，“萌”是“人”的意思，“哈萌”就是“客人”，瑶族称之为“哈朵”，苗族称之为“嘎斗”，仫佬族称之为“啫哈”，布依族称之为“迥哈”，明清时贵州的一些地方史志又称之为“东苗”或“佟苗”。畲族历来被当地汉族居民称为“东家”，意思是“从东边来”。1996 年 6 月贵州省人民政府同意认定为“畲族”。据考证，贵州省畲族的祖先来自江西，大约在元末明初时因奉旨征讨或避祸迁入贵州境内。目前其居住区域以黔东南苗族侗族自治州的麻江县为中心，临近凯里炉山的干坝、六个鸡、角冲以及黔南布依族苗族自治州福泉、都匀等县（市）的部分地区都有分布。据 2000 年全国第五次人口普查统计，贵州省畲族总人口为 4.49 万人。

2. 畲族语言的特点

贵州畲族至今仍保留着本民族的语言。据 1982 年贵州省民族识别办公室语言组对畲族语言的调查，畲族在其聚居的村寨，不论男女老幼都说畲语，只有散居的畲族人口在社交活动中使用汉语。畲语属汉藏语系苗瑶语族苗语支。

畲族语言声母系统中有闭塞音、塞擦音、塞边音等，分不带鼻冠音和带鼻冠音两种，鼻音 m、n，边音 l、清化的 m、nw、l 声母以及摩擦音比较丰富，舌尖和舌面摩擦音有 3 套，在塞音和塞擦音中，吐气声母有逐渐衰退的趋势。各地畲语的声母有 16～20 个不等，没有翘舌音。各地畲语的韵母有 50～70 个不等，其中二合元音、三合元音比较多，有入声韵尾 [p]、[t]、[k]、[ʔ]。各地畲语的声调有 6～8 个。

畲语固有的词汇主要表现在对常见的人或事物以及农业生产活动的称谓上。随着社会的发展，畲语也大量地吸收了现代汉语词汇来指称新鲜的事物和概念。这些借用过来的词汇在畲语中扮演着越来越重要的角色。年轻一代的畲族居民使用的词汇和老一辈人使用的词汇存在明显差异，老一辈人较多地使用畲语固有词汇，而年轻一代则倾向于使用现代汉语借词。

畲族有本民族语言，但没有文字，通用汉文。

第三节　壮侗语族语言文字

一、壮族语言文字

1. 壮族简介

壮族是由古百越民族中的一支——西瓯骆越发展而来的。贵州境内的壮族自称“布依”，主要分布在从江、黎平、榕江、荔波、独山以及都匀、贵阳等县市，以从江县的壮族人口为最多。据 2000 年全国第五次人口普查统计，贵州省壮族人口为 5.21 万人。从姓氏来看，省内壮族主要有莫、韦、梁、黄、潘、欧、蒙、覃、卢、廖、石、罗、何、姚等姓，其中莫、韦、梁、黄四个姓人口最多。据地方志和民间传说，贵州境内的壮族多是在宋元以后陆续从广西迁来的。

2. 壮族语言

壮语属汉藏语系壮侗语族壮傣语支，与泰国语、老挝语、傣族语、掸族语等语言有着十分密切的亲缘关系。贵州省从江县的壮族操壮语北部方言桂北土语，居民在村寨内部，大都讲壮语，对外交流使用汉语。从江壮族多兼通侗语或苗语。从从江县宰便壮话来看，贵州壮语主要有以下特点。

（1）语音方面

从江壮语通常有 22 个声母，包括：唇音p、ʔb、m、f、v，舌尖音t、ʔd、n、s、l，舌面音ç、j、ȵ，舌根音k、ŋ、ɣ，腭化音pj、kj、mj，唇化音kw、ŋw、hw。共有 8 个声调，表述如下：

调类	1	2	3	4	5	6	7	8
调值	34	213	42	31	33	53	213	31
例词	na^{34}	na^{213}	na^{42}	na^{31}	na^{33}	no^{53}	tap^{213}	nat^{31}
汉语	厚	田	脸	舅	箭	肉	肝	粒

（2）语法方面

贵州壮语以词序和虚词作为最主要的语法手段。句子成分的基本次序是主—谓—宾。定语大多放在被修饰的名词之后，指示代词一般放在被修饰成分的后面。状语通常在谓语之前，有时也放在谓语之后。贵州壮语受汉语的影响较大，吸收了不少汉语词汇和一些语法形式。

（3）词汇方面

贵州壮语里的固有词汇和语音系统，除了与壮侗语族其他语言相似之外，还与汉语族的粤语类同。这种现象应该源自它们有共同的母语——南越语。壮语固有词汇里单音节单纯词占优势，多音节单纯词较少，有丰富的近义词。合成词的类型有复合式、附加式两类。单音节动词、单音节形容词可带上摹声绘形的后附音节来表示不同的性状和程度，增强了表达的准确性和生动性。从词类来看，壮语词汇一般可分名词、动词、形容词、数词、量词、代词、副词、介词、连词、助词、语气词和声貌词 12 类。

3. 壮族文字

1956 年，应广大壮族同胞的要求国家为壮族人民创制了统一的壮族拼音文字。这种文字已在广西壮族自治区得到逐步推行，在贵州的壮族地区还未得到普及。但是，贵州壮族地区在民间一直使用着一种没有统一、规范的壮文方块字，一般称为土俗字，多用于记录歌谣、故事、传说、剧本、家谱、契约、经文、巫术等。壮文方块字的内容包括：（1）连同音义借用汉字，如“中国”“碗”“炮”“飞机”等；（2）用汉字译音，如“久”（头）、“哪”（脸）、“拉打”（河边）、“江挽”（村上）等；（3）汉字读壮音，如“啃娄”（喝酒）、“拓斯”（读书）、“丕”（去）、“麻”（来）等；（4）仿照汉字的六书造字法自创方块壮字。

壮文方块字，虽然是壮族群众自发创造的，也从未进行统一和规范，但由于它在一定范围内满足了群众对文字的需求，所以一向被壮族群众所喜闻乐见，在新创壮族拼音文字逐步推行的今天，它仍然具有一定的生命力。

二、布依族语言文字

1. 布依族简介

布依族自称“濮越”（pu^{42}ʔjɐi^{42}）或“濮夷”（pu^{42}ʔji^{22}），汉字写作“布夷”“布依”“布越依”等。布依族内部还有称对方为“布侬”（pu^{42}noŋ^{31}）、“补笼”（pu^{42}loŋ^{31}）、“布那”（pu^{42}na^{31}）、“布土”或“布都”（pu^{42}tu^{42}）、“布央”（pu^{42}ʔjaŋ^{33}）、“布笼哈”（pu^{42}zoŋ^{31}xa^{35}）等；不同姓氏之间有称对方为“布武”（pu^{42}wu^{42}）、“布韦”（pu^{42}wei^{31}）、“布鲁”（pu^{42}lo^{24}）等。“濮”和“布”在布依语中是“族”或“人”的意思。在某些地方志里，称布依族为“夷族”“夷家”“夷人”。“夷族”这一族称是布依族族名确定以前比较普

遍的称谓。1953 年，在征求本民族意愿的基础上经国务院批准，正式定名为布依族。但直到今天，汉族、苗族、仡佬族仍习惯称布依族为“水家”或“水族”，实际上都是布依族。

早在新石器时代，布依族的先民古越人就已在贵州高原上生活。布依族自称“濮越”，“越”亦称为“戊”或“钺”，最早的钺就是新石器时代的扁平石斧，它是布依族先民的劳动工具和战斗武器。中华人民共和国成立后，先后在水城、盘县发掘出数量不少的“有段石锛”“有肩石斧”，在平坝县发掘到三件磨光斜刃石钺和一些印有方格纹的几何印纹陶片，在长顺县出土了印有绳纹几何印纹陶片。有段石锛、有肩石斧和几何印纹陶是古越人典型的文化特征。

贵州的布依族人口最多，据 2000 年全国第五次人口普查统计，贵州省布依族人口为 279.82 万人，占全国布依族人口的 97%。在黔南布依族苗族自治州的独山、荔波、都匀、平塘、惠水、贵定、长顺、福泉、瓮安等县市，黔西南布依族苗族自治州的册亨、贞丰、望谟、兴义、兴仁、晴隆、普安等县市，安顺地区的镇宁、关岭、紫云、平坝、安顺、普定等县市，六盘水市的六枝、水城、盘县等县（特区），贵阳市郊区及清镇、开阳等县市，毕节地区的威宁、织金、金沙、赫章、大方等县，遵义地区的仁怀市，黔东南苗族侗族自治州的麻江县等地都有整村整寨的布依族人分布。布依族习惯几十户、几百户“聚族而居”。

2. 布依族语言

（1）方言、土语的划分

布依族使用的布依语，实际上相当于壮语北部方言，属侗台语族台语支。贵州省的布依语按照语音特征大致可以分为三个土语区：第一土语区使用人口最多，主要分布在黔西南布依族苗族自治州，与广西壮语北部方言的桂边土语、桂北土语可以直接通话；第二土语区使用人口次之，主要分布在黔南布依族苗族自治州和贵阳市郊区，与第一土语区可以直接通话，与广西北部的壮语方言也十分接近；第三土语区使用人口最少，主要分布于贵州省的镇宁、关岭、紫云、晴隆、普安、六枝、盘县、水城、毕节、威宁等县（特区），这个土语区的语音有自己的独特之处。

（2）语音系统

布依语的内部分三个土语区，它们的语音系统不尽相同。我们以归属第一土语区的望谟者香布依话为代表来做说明。

声母（共 34 个）：

p	ʔb	m	f	v	pj	mj		
			s	z	sw	zw		
t	ʔd	n	l		tw	lw		
tɕ		ȵ	ɕ	j	tɕw	ȵw	ɕw	jw
k		ŋ			kw	ŋw		
ʔ			h	ʔj	ʔw	ʔjw		

声母例词举例：

p：pa^{33}大姑母	ʔb：ʔba^{35}肩	m：ma^{13}狗	f：fa^{11}铁
v：va^{13}盖子	pj：pja^{13}鱼	mj：mja^{53}滑	s：sa^{13}纸
z：za^{13}找	sw：swa^{33}纺车	zw：zwaːm^{13}抬	t：ta^{13}眼睛

ʔd：ʔda^{13}背带	n：na^{13}厚	l：la^{33}下面	tw：twa^{11}秤锤
lw：lwa:u^{35}耽误	tɕ：tɕa^{31}孤儿	ȵ：ȵa^{13}草	ɕ：ɕa^{33}等候
j：ja^{53}妻	tɕw：tɕwa^{31}摸黑	ȵw：ȵwa:i^{13}蓑衣	ɕw：ɕwa:i^{13}犁
jw：jwa^{53}一块（肉）	k：ka^{13}小腿	ŋ：ŋa:i^{11}早饭	kw：kwa^{35}过
ŋw：ŋwa^{13}瓦	ʔ：ʔa^{31}张开	h：ha^{11}茅草	ʔj：ʔja:m^{53}步伐
ʔw：ʔwa^{31}傻	ʔjw：ʔjwa^{31}塌		

韵母（共88个）：

a		o	ɔ	e	ɛ	i		u		ɯ	ɿ
a:i	ai	oi								ɯi	
a:u	au			eu	ɛu	iu				əu	
	aɯ					ie				ɯə	
a:m	am	om	ɔm	em	ɛm	i:m	im	u:m	um	ɯ:m	
a:n	an	on	ɔn	en	ɛn	i:n	in	u:n	un	ɯ:n	ɯn
a:ŋ	aŋ	oŋ	ɔŋ	eŋ	ɛŋ	i:ŋ	iŋ	u:ŋ	uŋ	ɯ:ŋ	ɯŋ
a:p	ap	op	ɔp	ep	ɛp	i:p	ip	u:p	up	ɯ:p	
a:t	at	ot	ɔt	et	ɛt	i:t	it	u:t	ut	ɯ:t	ɯt
ak			ɔk		ɛk	i:k	ik		uk	ɯ:k	ɯk

韵母例词如下：

a：ta^{11}纺	o：to^{35}马蜂	ɔ：tɔ^{31}衣袋	e：te^{53}蛔虫
ɛ：tɛ^{31}提醒	i：ti^{11}打	u：tu^{13}门	ɯ：tɯ^{11}拿
ɿ：sɿ^{33}（意）思	a:i：ta:i^{13}死	ai：tai^{33}哭	oi：ʔdoi敲打
ɯi：fɯi^{33}飞机	a:u：ta:u^{35}返转	au：tau^{33}来	eu：ʔdeu^{13}一
ɛu：pɛu^{33}丑牛	iu：piu^{13}单衣	əu：kəu^{13}购（买）	aɯ：taɯ^{11}看守
ie：tie^{35}放下	ɯə：pɯə^{53}衣服	a:m：ta:m^{13}柄	am：tam^{11}池塘
om：tom^{35}心	ɔm：tɔm^{35}垮	em：tem^{53}垫	ɛm：pɛm^{33}扁平
i:m：li:m^{11}镰刀	im：tim^{53}捶	u:m：zu:m^{31}熛	um：tum^{53}淹
ɯ:m：fɯ:m^{31}黄昏	a:n：ta:n^{35}炭	an：tan^{33}穿	on：ton^{53}段
ɔn：ʔdɔn^{31}颈窝	en：sen^{33}迁移	ɛn：ȵɛn^{35}怒	i:n：ʔdi:n^{13}月
in：tin^{13}脚	u:n：zu:n^{11}爬	un：ʔdun^{31}吞	ɯ:n：vɯ:n^{13}歌
ɯn：tɯn^{33}剥	a:ŋ：ta:ŋ^{35}各自	aŋ：taŋ^{33}竖	oŋ：ʔdoŋ^{31}硬
ɔŋ：tɔŋ^{35}田坝	eŋ：ʔdeŋ^{13}推	ɛŋ：ʔbɛŋ^{13}薄	i:ŋ：li:ŋ^{33}伞
iŋ：tiŋ^{31}一半	u:ŋ：tu:ŋ^{35}一串	uŋ：tuŋ^{31}肚	ɯ:ŋ：fɯ:ŋ^{11}稻草
ɯŋ：tɯŋ^{31}棍杖	a:p：za:p^{35}挑	ap：tap^{35}肝	op：kop^{35}捧
ɔp：tɕɔ^{35}斗笠	ep：nep^{33}追	ɛp：tɛp^{35}贴	i:p：ti:p^{33}踩
ip：ʔdip^{35}生	u:p：tu:p^{35}瓣	up：tup^{33}捶	ɯ:p：ʔbɯ:p^{35}脑门
a:t：ta:t^{35}削	at：nat^{33}粒	ot：tot^{35}脱（衣）	ɔt：ʔdɔt^{35}饮
et：set^{35}钓竿	ɛt：ɕɛt^{35}七	i:t：ʔi:t^{35}伸	it：tit^{35}踢
u:t：ʔu:t^{33}揩	ut：ʔut^{35}三角粽	ɯ:t：hɯ:t^{35}腰	ɯt：pɯt^{35}肺
ak：tak^{33}雄	ɔk：tɔk^{35}落	ɛk：zɛ^{33}细布	i:k：pi:k^{35}菜

ik：sik^{35}撕　　　　　uk：tuk^{33}菜苔　　　　　ɯ:k：ʔɯ:k^{35}打嗝　　　　ɯk：tɯk^{35}打仗

声调（共 8 个，如表 1-2 所示）：

表 1-2　望漠者香布依话的声调

调类		舒声调						促声调	
		1	2	3	4	5	6	7	8
调值		13	11	33	31	35	53	35	33
例词	布依语	na^1	na^2	na^3	na^4	na^5	ta^6	$za{:}p^7$	kep^8
	汉语	厚	田	脸	舅舅	箭	河	挑	捉

（3）语法

从词类来看，布依语有名词、动词、形容词、数词、量词、代词、介词、副词、连词、助词、叹词。句子成分有主语、谓语、宾语、定语、状语、补语。句子主干成分的语序是：主语+谓语+宾语；数量词修饰名词的语序是：数词+量词+名词（数词“一”除外）；名词受动词、形容词、方位词或指示词修饰的语序是：名词+动词（或形容词、方位词、指示词）；名词或代词、方位词修饰名词的语序是：被修饰的名词+修饰名词或代词、方位词；指示词修饰方位词的语序是：方位词+指示词；序数词修饰名词的语序是：名词+序数词。词组的结构类型有：联合词组、修饰词组、动宾词组、补充词组、主谓词组。

（4）词汇

布依语词汇数量十分丰富，其固有词汇，按构词形式可分为单音节词和多音节词，按照词的意义和结构可分为单纯词和合成词。此外布依语中还有一定数量的汉语借词，包括早期的汉语借词和现代汉语借词。早期汉语借词在读音类型和构词规律等方面都已经同布依语固有词完全一致，这些借词多数是单音节词，其内容非常广泛，涉及各个方面；现代汉语借词主要是关于现代社会、政治、经济、科技、文教等方面的新词术语，多按当地西南官话读音，连同意义一起借入。

3. 布依族文字

（1）布依族古文字

布依族古文字已在布依族中流传了上千年，至今仍在贵州省荔波县及周边地区的布依傩书先生中流传使用。它的字形大多为方块字，和汉字有很深的渊源，属借源文字。布依族古文字自被布依傩书先生最先使用后，代代传承，大约在一千年前的唐、宋时期完全脱离汉字的发展轨迹，在音、形、义上自成一格，和汉字有明显区别。其字形在汉语字典中从未收录，字音只能用布依族语音朗读，字义也只有布依傩书先生能解读，其他民族无法识别。

布依族古文字被用来记录巫经、古歌和戏文，至今保存下来的布依文古籍十分丰富。它和新创的布依族拼音文字一样，在民间都被称为sɯ^{1}ʔjɐi^4。从造字方法来看，布依族古文字大致有以下几个类型：

A. 直接借用汉字，借其音，但不借义。这种方块布依字占绝大多数。如：

方块布依字	布依语读音	布依文词义
姑	ku^1	我

丁	tin[1]	脚
利	ʔdi[1]	好

B. 直接借用汉字，借其义，但不借音。如：

方块布依字	布依语读音	布依文词义
儿	lɯk[8]	儿子
五	ɣa[3]	五
网	mɯəŋ[4]	渔网

C. 直接借用汉字，音义同借。多为早期汉语借词。如：

方块布依字	布依语读音	布依文词义
金	tɕim[1]	金子
龙	luəŋ[2]	龙
未	vi[6]	没有

D. 以汉字为基础按传统的“六书”造字法来创造新的布依族文字。

由于布依族古文字因地而异、因人而异，最终未能统一、通行，因此长期以来布依族古文字未被世人认定为民族文字。2009 年 6 月 14 日，在北京国家图书馆，国务院批准并颁布入选第二批《国家珍贵古籍名录》的 97 家收藏单位的珍贵古籍在“国家珍贵古籍特展”上与公众见面，布依族文字古籍跻身其间，这是布依古文字首次在国家级文化空间面世。布依族从此成为被国家确认的、有自己文字的 18 个少数民族之一。布依族古文字的发现，是贵州民族语文工作者辛勤劳动的结果，它必将对布依族的历史文化研究产生重要而深远的影响。

（2）新创布依族文字

1956 年，党和政府为布依族人民创制了新的拼音文字。经过两次修订，布依族文字方案趋于完备。《布依文方案》（修订案）明确规定：布依文以第一土语为基础，以规范的望谟县复兴镇布依话为标准音；现代汉语借词原则上按望谟话拼写，并标上调号。

布依文方案共有 32 个声母（括号内为国际音标）：b、p、mb、m、f、w、d、t、nd、n、（sl）、g、k、ng、h、（hr）、j、q、ny、x、y、z、c、s、r、by、my、qy、gv、ngv、qv、（ʔ）。

布依文方案共有 87 个韵母：a、o、ee、i、u、e、aai、ai、oi、ei、aau、au、eeu、iu、ae、ie、ue、ea、aam、am、oom、om、eem、iam、im、uam、um、eam、aan、an、oon、on、een、ian、in、uan、un、ean、en、aang、ang、oong、ong、eeng、iang、ing、uang、ung、eang、eng、aab、ab、oob、ob、eeb、iab、ib、uab、ub、eab、eb、aad、ad、ood、od、eed、iad、id、uad、ud、ead、ed、ag、og、eeg、ig、ug、eg / ia、io、iao、ua、ui、uai、ao、ou、er。①

布依文声调包括固有词声调和现代汉语借词声调。

固有词声调。

调类：	一	二	三	四	五	六	七	八
调值：	24	11	53	31	35	33	35	33
调号：	l	z	c	x	s	h	t	不标调

① “/”后的 9 个韵母专拼现代汉语借词。

现代汉语借词声调。

调类：	阴平	阳平	上声	去声
调值：	33	31	53	24
调号：	y	f	j	q

三、侗族语言文字

1. 侗族简介

侗族主要分布在贵州、湖南、广西三省（区）毗邻的地方。侗族自称 Gaeml 或 Jaeml、Jeml。由于侗族先民历来居住溪峒，唐代及以后的史籍以“峒（崮、洞）蛮”或“峒民”泛称。北宋时期称为“佶伶”，南宋时期称为“仡伶”。明代以后专用“峒（崮、洞）人”或“侗人”称谓。新中国成立后，正式定名为“侗族”。侗族先民与我国古代“百越”中的“西瓯”（又称“瓯骆”）及其后裔“乌浒”“僚浒”人有密切关系。据 2000 年全国第五次人口普查统计，贵州省侗族人口为 162.86 万人。

2. 侗族语言

（1）方言、土语的划分

侗语分为南北两个方言区，每个方言区又各分三个土语。南北方言区的划分，以锦屏县南部的启蒙至靖州西部的滥泥冲为界。这一地带是侗族、苗族、汉族三个民族杂居的地方。这一地带的南部为南部方言区，北部为北部方言区。

南部方言区：

第一土语区包括榕江（车江）、通道（陇城）、龙胜（平等）、三江（程阳）、锦屏（启蒙）、黎平（洪州）等地；第二土语区包括黎平（水口）、榕江（寨蒿）、从江（贯洞）、三江（和里）等地；第三土语区包括融水（寨怀）、镇远（报京）等地。

北部方言区：

第一土语区包括天柱（石洞）、三穗（款场）、剑河（小广）等地；第二土语区包括天柱（注溪）、新晃（中寨）等地；第三土语区包括锦屏（大同）、靖州（滥泥冲）等地。

（2）音位系统

侗语标准音以南部方言为基础方言，以贵州省榕江县车江乡章鲁话为标准音点。下文以章鲁话为代表，介绍侗语的音位系统。

声母（33 个）：

p	t	ʦ	ȶ	k	ʔ	pj	tj	kw
ph	th	ʦh	ȶh	kh		phj	thj	khw
m	n		ȵ	ŋ		mj		ŋw
f	s		ɕ		h			
w	z		j			wj		
	l					lj		

声母举例：

p：pa^{55}鱼	t：ta^{55}眼睛	ȶ：ȶa^{55}茅草	k：ka^{55}剩
ʔ：ʔau^{55}拿	pj：pja^{55}石头	kw：kwa^{55}挂柱	ph：pha^{55}灰色
th：tha^{35}出奔	ȶh：ȶha^{453}上	kh：kha^{35}耳朵	phj：phja^{35}喂食
khw：khwa^{35}抓	m：ma^{55}菜	n：na^{55}厚	ȵ：ȵa^{55}河
ŋ：ŋa^{55}芝麻	mj：mja^{53}烦闷	ŋw：ŋwe^{212}口水	s：sa^{55}急水滩
ç：ça^{55}盖	h：ha^{33}才	w：wa^{55}山窝	j：ja^{53}田
l：la^{33}讨	lj：lja^{323}儿媳		

韵母（56个）：

i	e	a		o	u	ɿ
		ai	ɐi	oi	ui	
iu	eu	au	ɐu			
im	em	am	ɐm	om	um	əm
in	en	an	ɐn	on	un	ən
iŋ	eŋ	aŋ	ɐŋ	oŋ	uŋ	əŋ
ip	ep	ap	ɐp	op	up	əp
it	et	at	ɐt	ot	ut	ət
ik	ek	ak	ɐk	ok	uk	ək

韵母举例：

i：si^{55}浸入	iu：siu^{55}焦	im：sim^{55}引线	in：sin^{55}煎熬
iŋ：siŋ^{55}楼门	ip：sip^{323}接	it：sit^{13}剪	ik：sik^{13}淡
e：se^{55}带子	eu：seu^{35}喇叭	em：sem^{55}（山）陡而尖	
en：çen^{212}痰	eŋ：çeŋ^{55}争	ep：sep^{13}耳语	et：çet^{13}都
ek：sek^{13}饭豆	a：sa^{55}肩膀	ai：sai^{35}给	au：sau^{35}芭芒草
am：sam^{35}三	an：san^{35}编织	aŋ：saŋ^{35}树根	ap：sap^{13}接
at：sat^{13}踏	ak：sak^{13}舂（米）	ɐi：sɐi^{13}雄性（飞禽）	ɐu：sɐu^{13}醋
ɐm：sɐm^{35}早	ɐn：sɐn^{55}秧鸡	ɐŋ：sɐŋ^{55}讨厌	ɐp：sɐp^{35}捉
ɐt：sɐt^{55}不滑	ɐk：sɐk^{55}洗（衣）	o：so^{35}粗	oi：soi^{212}懒惰
om：som^{33}群、堆	on：son^{55}鼻鼾	oŋ：soŋ^{55}马鬃	op：kop^{323}刚刚
ot：sot^{323}吸	ok：sok^{35}狭窄	u：su^{35}青	ui：sui^{212}蛇
um：sum^{31}房间	un：sun^{55}刺	uŋ：suŋ^{35}语言	up：sup^{323}逢
ut：sut^{31}荸荠	uk：suk^{323}梧桐	əm：səm^{35}心	ən：sən^{35}亲戚
əŋ：təŋ^{53}黑暗	əp：səp^{21}吹风	ət：sət^{55}尾巴	ək：çək^{55}歪斜
ɿ：tsɿ^{33}sɿ^{212}知识			

声调（15个）：

调类	1	1'	2	3	3'	4	5	5'
调值	55	35	212	323	13	31	53	453
例词	pa^{55}	p^{h}a^{35}	pa^{212}	pja^{323}	p^{h}ja^{13}	pa^{31}	pa^{53}	p^{h}a^{453}
汉语	鱼	灰色	耙	雷	翻	蝗虫	树叶	破坏

调类	6	7	7’	8	9	9’	10
调值	33	55	35	21	323	13	31
例词	pa^{33}	$jɐk^{55}$	$jɐk^{35}$	$jɐk^{21}$	jak^{323}	jak^{13}	jak^{31}
汉语	糠	湿	勤快	可怜	饿	鱼栏	锈

（3）语法

侗语是分析性语言，以虚词和词序为主要语法手段。量词可单独修饰名词，也可受数词、形容词、代词、动词以及词组的修饰，可以单独做主语或宾语。名词的修饰语除数量词组在前外，一般在后，数量词组中数词（包括“一”）在量词前。如果名词有几个修饰语，则指示代词在最后，人称代词在形容词后。主干成分的语序是：主语在谓语前，宾语和补语在谓语动词后。

（4）词汇

侗语词汇以单音词为主，合成词有复合式（实语素和实语素组合）和附加式（实语素和虚语素组合）两种形式，复合式包括主谓式、联合式、修饰式、支配式、补充式，附加式包括前加式和后加式。汉语借词丰富，分早期借词和现代借词。南北方言常用词的差异很小，相同的词达 70%左右，北部方言的汉语借词比较多。

3. 侗族文字

长期以来，侗族只有语言而没有文字。直到了清代，侗族人民学习了汉文化以后，开始用汉字记录款词（习惯法规）、祭祀词、侗戏和侗歌唱本。这种记录方法主要有：直接借用音同或音近的汉字来记录，采用汉字字义记录侗语，用类似汉字反切的方法记录侗语，在用汉字记侗音的基础上补以土俗字。但这种文字使用的范围并不大。

新中国成立后，党和国家为侗族人民创制了侗文，字母形式采用拉丁字母，侗语和汉语相同的语音，在侗文中用与汉语拼音方案相同的字母表示。标准语以侗语南部方言为基础方言，以贵州省榕江县章鲁话的语音为标准音。

侗文有 32 个声母：b、p、m、f、w、d、t、n、l、s、j、q、ny、x、y、g、k、ng、h、bi、pi、mi、li、gu、ku、ngu、zh、ch、sh、r、z、c。其中 f、zh、ch、sh、r、z、c 共 7 个声母只拼现代汉语借词；侗文共有 64 个韵母，其中 e、ia、ie、iao、ian、iang、iong、ua、ue、uai、uan、uang、uo、u 共 14 个韵母专拼现代汉语借词。音节中凡用元音字母或辅音字母 n、ng、r 收尾的词均无调号，皆为现代汉语借词；其他凡在辅音 m、n、ng、b、d、g 后或元音后的辅音 l、p、c、s、t、x、v、k、h，均为前一音节的调号。

四、水族语言文字

1. 水族简介

水族的族源可以追溯到我国的夏商时期，由于军事、政治等方面的原因，水族先民被迫从中原地区迁入南方，与百越族群中的一支——骆越人杂居，后又往西迁入今贵州南部和广西北部等地区。今天的水族主要分布在黔南与桂北毗邻的龙江、都柳江上游地带，相应的行政区域是贵州省的黔南布依族苗族自治州、黔东南苗族侗族自治州以及广西壮族自治区北部的河池地区。贵州省三都水族自治县是全国唯一的水族自治县，该县水族人口接近全国水族总人口的一半。其余的水族主要散居于贵州省的荔波、都匀、独山、榕江、丹寨、雷山、从江、福泉、凯里、黎平等县市以及广西壮族自治区的河池地区、云南东部富源县古敢乡一带。据 2000 年全国第五次人口普查统计，贵州省水族人口为 36.97 万人。

2. 水族语言

（1）土语的划分

水语内部差别较小，各地水族群众一般都可以直接用水语通话。水语没有方言差异，内分 3 个土语区，即三洞土语区、阳安土语区和潘洞土语区。三洞土语区以三都水族自治县三洞乡板南村水语为代表，范围包括该自治县的三洞、水龙、中和、坝街、烂土、都江、恒丰、周覃、九阡和榕江县的水尾以及荔波县的瑶庆、佳荣等乡镇；阳安土语区以三都水族自治县阳安甲乃村水语为代表，范围包括该自治县的阳安、羊洛、林桥以及独山县的董渺等乡镇；潘洞土语区以都匀市潘洞乡和平村的水语为代表，范围包括都匀市的潘洞、基场、奉合和独山县的翁台等乡镇。

（2）音位系统

下文以三都水族自治县三洞乡板南村水语为代表，介绍水语的音位系统。

声母（71 个）：

p	ph	mb	ʔb	m̥	m	ʔm	f	v	ʔw
t	th	nd	ʔd	n̥	n	ʔn		l	
ts	tsh						s	z	
ȶ	ȶh			ȵ̊	ȵ	ʔȵ	ɕ	j	ʔj
k	kh			ŋ̊	ŋ	ʔŋ		ɣ	ʔɣ
q	qh							ʁ	
ʔ							h		
pj	phj	mbj	ʔbj	m̥j	mj			fj	vj
tj	thj	ndj	ʔdj	n̥j	nj	ʔnj			lj
tsj	tshj							sj	
tw		ndw	ʔdw						
tsw	tshw							sw	lw
kw	khw					ʔŋw			

声母例词如下：

p：pa^{33}伯母　pj：pja^{42}山羊　ph：pha^{24}灰色　phj：phja^{33}一次

mb：mba^{33}靠拢　mbj：mbja^{24}栽　ʔb：ʔba^{33}蝴蝶　ʔbj：ʔbja^{35}烦闷

m̥：m̥a^{24}狗　m̥j：m̥jaːn^{33}半新旧　ʔm：ʔma^{24}青菜　m：ma^{31}舌头

mj：mja^{24}手　f：fa^{33}云　fj：au^{42}fjaːŋ^{33}小米　v：va^{35}写

vj：vjan^{24}牙齿　ʔw：ʔwaːŋ^{35}一边　t：ta^{24}膨　tj：tjaːu^{35}乌龟

tw：tsje^{24}twa^{33}过水历新年　th：tha^{24}损失　thj：thjak^{55}佩带

nd：nda^{24}眼睛　ndj：ndjai^{33}买　ndw：ndwaːŋ^{24}磨石架　ʔd：ʔda^{24}（鸡）距

ʔdj：ʔdja^{33}秧　ʔdw：ʔdwa^{24}盐　n̥：n̥a^{33}弓　n̥j：n̥ja^{35}胰脏

ʔn：ʔna^{24}厚　ʔnj：ʔnja^{24}河　n：van^{24}na^{33}后天　nj：njen^{31}月

l：la^{24}绱（鞋）　lj：ljum^{55}lja^{55}蝉　lw：lwa^{24}船　ts：tsaːk^{55}鞋

tsj：tsja^{31}茶　tsw：tswa:ŋ^{24}ta^{24}壮大　tsh：tshin^{33}清（明）　tshj：tshja:ŋ详（细）

tshw：tshwa:ŋ^{33}tsɿ^{55}窗子　s：sa^{35}晒　sj：sja^{33}痧

sw：swa^{55}耍　z：za^{33}轻　ȶ：ȶa^{55}茄子　ȶh：ȶhin^{24}手臂

ȵ̊：ȵ̊a:ŋ^{33}谷草　ʔȵ：qam^{42}ʔȵa^{33}雷公　ȵ：ȵa^{31}你　ç：ça^{24}尖尖的

j：ja^{24}茅草　ʔj：ʔja^{24}布　k：ka^{24}龙　kh：kha^{33}割（草）

kw：kweŋ^{31}支锅三脚架　khw：khwən^{24}路　ŋ̊：ŋ̊ai^{24}开

ʔŋ：ʔŋa^{24}芝麻　ŋ：ŋa^{31}洋鸭　ʔŋw：ʔŋwa^{33}猛抬头　ɣ：ɣa^{31}二

ʔɣ：ʔɣa^{35}田　q：qa^{24}读　qh：qha^{24}耳　ʁ：ʁa^{24}菌子

ʔ：ʔa:u^{24}要　h：ha^{24}肩膀

韵母（55 个）：

i	e	a		o	u	ə	ɿ
		a:i	ai	oi	ui		
iu	eu	a:u	au				
im	em	a:m	am	om	um		
in	en	a:n	an	on	un	ən	
iŋ	eŋ	a:ŋ	aŋ	oŋ	uŋ	əŋ	
ip	ep	a:p	ap	op	up		
it	et	a:t	at	ot	ut	ət	
ik	ek	a:k	ak	ok	uk	ək	

韵母例词如下：

i：vi^{24}火　iu：çiu^{24}花椒　im：sim^{33}爪　in：tin^{24}脚

iŋ：ndiŋ^{35}（桶）底　ip：tip^{55}缝（衣）　it：ȶit^{55}痛　ik：tik^{55}满

e：pe^{24}卖　eu：sjeu^{33}少　em：qem^{24}俭省　en：tjen^{31}填

eŋ：qeŋ^{24}粥　ep：ep^{55}鸭子　et：ȶet^{55}结　ek：pek^{55}百

a：va^{35}翅膀　a:i：fa:i^{42}哥哥　ai：phjai^{35}近　a:u：ta:u^{31}床

au：pau^{33}赞扬　a:m：phja:m^{24}消失　am：pjam^{24}头发　a:n：fa:n^{24}慢

an：fan^{24}竹子　a:ŋ：kwa:ŋ^{33}钵　aŋ：saŋ^{31}挂　a:p：ta:p^{35}挑（水）

ap：tap^{55}肝　a:t：phja:t^{35}血　at：qat^{55}割　a:k：ɣa:k^{43}锈

ak：tak^{55}断　o：ho^{24}怕　oi：ȶoi^{24}犁　om：tom^{35}滴

on：ton^{35}猜　oŋ：qoŋ^{24}工　op：sop^{55}锄（地）　ot：sot^{55}告诉

ok：hok^{55}纺车　u：pju^{42}麝香　ui：tui^{42}碗　um：tjum^{24}斗笠

un：nun^{31}睡　uŋ：tuŋ^{24}粽叶　up：pup^{55}花苞　ut：put^{55}肺

uk：tuk^{55}包（物）　ə：pə^{31}ȶin^{33}北京　ən：fən^{24}雨

əŋ：səŋ^{24}（一）升　ət：zət^{55}星星　ək：ljək^{43}力量　ɿ：tsɿ^{24}sɿ^{33}自私

声调（10 个）：

调类	1	2	3	4	5	6
调值	24	31	33	42	35	55
例词	ta^{24}	ta^{31}	ta^{33}	ma^{42}	ta^{35}	ta^{55}
汉语	胗	搭	野外	马	中间	经过

调类	7（短）	（长）	8（短）	8（长）
调值	55	35	43	43
例词	tak^{55}	$ta:k^{35}$	tak^{43}	$ta:k^{43}$
汉语	断	钉（动）	雄性	测量

（3）语法

水语词类有名词、代词、数词、量词、形容词、动词、副词、连词、介词、助词、语气词、象声词共 12 类。语法手段以虚词和词序为主要。名词前一般要加相应的量词表示类别；代词可修饰前面的量词或名词，如果是人称代词修饰量词，则必须加助词 to^{31}（的）；名词的修饰语除量词或数量词组在名词前外，其他修饰语一般在名词之后；副词修饰形容词、动词时，有的在前，有的在后，因不同副词而异。主语在谓语前，宾语在谓语动词后，补语在宾语后。

（4）词汇

水语词汇里，单音节词居多，如某些地名除汉语名称外，往往还有单音节的水语名称。此外，水语的歌谣和祭祀祝词中单音节词也占极大比重。合成词的构词方式有两种：一种是由两三个词根构成的复合词；另一种是前加成分加词根，或词根加后加成分构成的派生词。近年来，有大量汉语新借词涌入。

3. 水书

在我国 56 个民族中，有 17 个民族有自己传统的文字，水族的水书即为其中一种。它是一种具有悠久历史而又独具特色的文字符号。水书，在水语里称为“勒睢”或“泐睢”($le^{1}sui^{3}$)，意为水书或水族文字。现存的水书约有 400 个单字，其字形大多像汉字早期的甲骨文，以象形字、形声字和会意字居多，还有一部分是图画文字。

从水族古文字的内容来看，大致可分三类：一类表示天干、地支和数目；另一类是象形字；第三类类似汉字的假借字。水族古文字多用于巫术或原始宗教祭祀活动，只在水书师中流传，一般水族群众都不认识。

卷帙浩繁的水书，除直接反映水族原始信仰、天文历法之外，还兼容了水族哲学思想、文学艺术、语言文字、伦理道德、布阵攻守、生产劳动、生活习俗等诸多方面的内容，成为宗教学、历史学、民族学、民俗学、语言文字学等诸多学科研究的珍贵资料。因此，水书被誉为水族的“易经”“百科全书”。

五、毛南族语言

1. 毛南族简介

贵州毛南族，自称“印绕”($ji\eta^{22}zau^{24}$）或“哎绕”（$ai^{22}au^{24}$），历史上被称为佯黄人。经过调查研究，1990 年 7 月佯黄人正式被认定为毛南族。目前毛南族主要分布在黔南布依族苗族自治州的平塘、惠水、独山三县境内。平塘县境内毛南族人口最多，占总人数的 90%以上，主要分布在该县卡蒲、河中、六硐、者密、甲青五个乡，惠水县毛南族人口次之，独山县毛南族人口最少，只有几百人。据 2000 年全国第五次人口普查统计，贵州省毛南族人口为 3.12 万人。毛南族多数住在山间平坝，依山傍水，以一村一寨为单位，聚族而居。

2. 毛南族语言

（1）土语的划分

贵州毛南族还保留着本民族的语言，但没有自己的文字。毛南族人一般兼通汉语，也有不少人懂布依语。贵州毛南语没有方言区别，只有土语差异，内部一致性很强。根据语音、语法和词汇差异，一般分为三个土语区：平塘县平塘河以东的卡蒲、河中、者密和独山县羊凤等地的毛南语为河东土语；平塘县平塘河以西的甲青、六硐、吉古、摆茹、马场、甘寨等地的毛南语为河西土语；惠水县赤土、姚哨、惠明等地的毛南语为姚哨土语。

（2）音位系统

以河东土语区的课寨话为例。

声母（66 个）：

p	ph	b	m	ʔm			v
t	th	d	n	ʔn		s	ʑ
ts	tsh				tsj		
tɕ	tɕh		ȵ	ʔȵ		ɕ	j
k	kh		ŋ	ʔŋ		h	ɣ
pj	phj	bj	mj	ʔmj			vj
tj	thj	dj	nj	ʔnj	lj	sj	zj
pw	phw	bw	mw	ʔmw			
tw	thw		nw		lw	sw	zw
tsw	tshw	tɕw	tɕhw				jw
kw	khw		ŋw	ʔŋw		hw	
w							ʔjw
pr							

韵母（70 个）：

i	e	ɛ	a			o	u	ə
	ei	ɛi	aːi	ai	ɔi	oi	ui	
iu	eu	ɛu	aːu	au				əu
im	em	ɛm	aːm	am	ɔm	om	əm	
in	en	ɛn	aːn	an	ɔn	on	un	ən
iŋ	eŋ	ɛŋ	aːŋ	aŋ	ɔŋ	oŋ	uŋ	əŋ
ip	ep	ɛp	aːp	ap	ɔp			
it	et	ɛt	aːt	at	ɔt	ot	ut	ət
ik	ek	ɛk	aːk	ak	ɔk	ok	uk	ək

声调（8 个，如表 1-3 所示）：

表 1-3 课寨话的声调

调类	1	2	3	4	5	6	7		8	
							长	短	长	短
调值	11	35	213	33	42	53	213	35	33	42

六、仡佬族语言

1. 仡佬族简介

早在商周时期，我国西南地区就有一种被称为“濮”的族群，因其分布广阔，人口众多，而得“百濮”之称；另有一古族群“百越”，主要散布在东南沿海及今广西一带。春秋战国时期，部分越人溯水北上西进，进入西南地区，与濮人杂居，逐渐形成一个新的族群——“僚”（也作“獠”）。汉代的僚人已是夜郎王国的主体居民。唐初，僚人中的一支发展为单一民族——“仡佬”。贵州境内其他各民族都公认仡佬族是贵州最古老的民族，农村广泛流传有“蛮夷仡佬，开荒辟草”之说。目前贵州仡佬族主要分布在务川仡佬族苗族自治县和道真仡佬族苗族自治县，其余居住在贵阳市、六盘水市、遵义市和铜仁、毕节、安顺、黔西南等地区。据 2000 年全国第五次人口普查统计，贵州省仡佬族人口为 55.90 万人，占全国仡佬族总人口的 97%以上。

2. 仡佬族语言

（1）方言、土语的划分

根据语音系统、词汇构成和语法特征，仡佬语可分为四种方言：黔中方言、黔中北方言、黔西南方言、黔西方言。黔中方言主要分布在靠近贵阳市的安顺地区，包括三个土语：平坝县大狗场土语、普定县新寨土语、织金县熊寨土语；黔中北方言集中在关岭、晴隆、镇宁、贞丰四县毗连的广大地区，包括两个土语：第一土语和第二土语；黔西南方言在贵州境内主要分布于六盘水地区的六枝和水城，包括五个土语：六枝牛坡土语、隆林摩基土语、麻栗坡县老寨土语、水城县打铁寨土语、遵义尖山土语；黔西方言主要分布在大方县的普底，黔西县的沙井、滥泥沟，清镇市的新店区王庄和卫城区的麦巷、凤凰村，包括两个土语：大方县普底土语、镇宁县比贡土语。

（2）音位系统

以平坝县大狗场仡佬语为例。

声母（35 个）：

p	ph	mp	pl	phl	mpl	ml	m	f	v
t	th	nt	ts	tsh	nts	l	n	s	z
tɕ	tɕh	ȵtɕ					ȵ	ɕ	ʑ
k	kh	ŋk					ŋ	x	
q	qh	ɴq						h	

声母例词如下：

p：pu^{55}跳	ph：phau^{13}飞	mp：mpau^{33}狗	t：tau^{33}字
th：thɒ^{55}地点	nt：ntɯ^{33}弓箭	k：kɛ^{33}房	kh：kha^{55}斟酒
ŋk：ŋka^{33}门	q：qɛ^{33}鸡	qh：qhe^{13}客人	ɴq：ɴqɛ^{21}着
pl：plaŋ^{33}桃子	phl：phlɛ^{33}旗子	mpl：mple^{33}软弱	ml：mlɛ^{33}鬼
ts：tsɿ^{13}斤	tsh：tshe^{55}话	nts：ntsɛ^{55}名字	tɕ：tɕi^{33}奶汁
tɕh：tɕhi^{55}人	ȵtɕ：ȵtɕɯ^{55}盐	l：luŋ^{55}衣服	m：mu^{55}新

n：nɛ^{33}联结　　ȵ：ȵe^{55}有　　ŋ：ŋuŋ^{55}吵闹　　f：fɒ^{55}揪

v：vɑŋ^{55}打　　s：sɛ^{55}知道　　z：zuɑ^{21}酸　　ɕ：ɕi^{13}鞋

ʑ：ʑu^{21}说　　x：xen^{33}金子　　h：hɑu^{13}取

韵母（26 个）：

i（ɿ）	e	ə	ɛ	ɑ	ɒ	o	u	ɯ
	ei						ui	
ie							ue	
iɒ							uɛ	
				ɑu			uɑ	
in	en			ɑn			un	
iɑŋ				ɑŋ			uŋ	
iɑu							uɑn	

韵母例词如下：

i：li^{21}午饭　　ɿ：sɿ^{33}一　　ie：zie^{13}狭窄　　iɒ：piɒ^{42}伸开

in：tin^{55}剪　　iɑŋ：liɑŋ^{55}粱　　iɑu：piɑu^{55}表兄弟　　e：te^{55}放置

ei：tshei^{55}钱　　en：xen^{33}兵　　ə：mpə^{21}粮、饭　　ɛ：ɛ^{55}镜子

ɑ：zɑ^{33}写　　ɒ：pɒ^{33}锄头　　ɑu：zɑu^{55}升子　　ɑn：vɑn^{42}官

ɑŋ：mɑŋ^{42}监狱　　o：lo^{21}qɑ^{55}秃头　　u：lu^{55}石（量）　　ui：khui^{33}铧口

ue：zue^{21}双（鞋）　　uɛ：zuɛ^{33}kə^{33}襁褓　　uɑ：uɑ^{33}tshɿ^{33}毒疮　　un：khun^{55}冷缩

uŋ：suŋ^{55}坑、洞　　uɑn：kuɑn^{55}管　　ɯ：ntɯ^{55}鼓

声调（5 个）：

调类	一	二	三	四	五
调值	55	33	42	21	13
例词	luŋ^{55}	luŋ^{33}	luŋ^{42}	luŋ^{21}	lu^{13}
汉语	菜	肚子	生、起	胀	脱衣

（3）语法

与同语族的其他语言相比，仡佬语的语法特征有：a. 结构助词多样化，不同的结构助词，搭配功能和在句中的位置不同；b. 状词使用的频率很高，如ɕi^{33}轻、ɕi^{33}ɕu^{33}轻飘飘状（晴隆凉水），khen^{35}香、khen^{35}khɑ^{35}香喷喷状（六枝牛坡）；c. 否定式有自己的特色，可以用否定副词来表示否定，有些地方还可以采用动词变形的办法来表示否定；d. 发语词常见，而且种类较多。

（4）词汇

仡佬语词汇也属分析型的，词本身很少有形态上的屈折变化。单纯词占有绝对优势，如量词、数词、代词、指示词以及某些虚词几乎都是单音节的单纯词。四大方言的名词一般都带有前加成分，动词和形容词一般不带附加成分。合成词有带虚词素的，也有不带虚词素的。不带虚词素的合成词在整个合成词中占据多数，从结构来看它可分正偏式、偏正式、并列式、主谓式、动宾式。

第四节　藏缅语族语言文字

贵州境内藏缅语族仅彝族尚保留自己的语言文字，因而这里只介绍彝族语言文字。

1. 彝族简介

氐羌是我国古代一个人数众多、支系纷繁、分布辽阔的族群。他们最早活动在今甘、青、川、陕的交接地以至滇西的广大地区，并不断向周边地区发展。当夏、周兴起并向东扩张时，留在西北、西南一带的氐羌各部，社会发展仍比较迟缓，过着游牧生活。贵州境内的彝族与古代的氐羌人有密切的渊源关系。贵州彝族自称“诺苏”，对彝族内部各支系，又有“哪苏”“兔苏”“腊勾”和“果”等称谓。新中国成立后，根据彝族人民自己的意愿采用礼器之“彝”来作为本民族的族称。彝族是贵州省人口较多的少数民族之一，主要分布在黔西北的毕节地区和六盘水市。据2000年全国第五次人口普查统计，贵州省彝族人口为84.36万人。

2. 彝族语言

（1）方言、土语的划分

贵州彝族至今还保留有自己的语言，彝语属汉藏语系藏缅语族彝语支。中国的彝语，分北部、东部、南部、东南部、西部、中部六种方言。贵州彝语属于东部方言中的黔西北次方言和盘县次方言。其中黔西北次方言主要分布在贵州大方、毕节、威宁、赫章、黔西、织金、金沙、仁怀、清镇、关岭、六枝等县（市、特区）和水城、纳雍两县的部分地区，使用人口总计40余万人，其内部又分为水西土语、乌撒土语和芒部土语；盘县次方言主要分布在贵州盘县、普安、晴隆、兴仁、兴义和水城的部分地区，使用人数近20万，其内部又分为盘北、盘南两个土语区。

（2）音位系统

以毕节地区大方县彝语为例。

声母（41个）：

p	ph	b	mb	m	f	v
t	th	d	nd	n	ɬ	l
ʦ	ʦh	ʣ	nʣ		s	z
ʈ	ʈh	ɖ	ɳɖ	ɳ		
ʨ	ʨh	ʥ	ȵʥ	ȵ	ɕ	ʑ
k	kh	g	ŋg	ŋ	x	ɣ
ʔ					h	

声母例词如下：

p：pi^{55}关	ph：phɛ^{33}折叠	b：bi^{21}ʦo^{33}葵花	mb：mbɑ^{33}说、讲
m：mi^{33}地	f：fe^{33}左	v：vɑ^{13}猪	t：ti^{33}撮
th：thi^{21}他	d：di^{33}碗	nd：ndi^{33}装	n：nɑ^{33}眼
ɬ：ɬɑ^{33}曾孙	l：li^{21}来	ʈ：ʈɑ^{33}拍	ʈh：ʈhɒ^{33}劈
ɖ：ɖie^{21}满	ɳɖ：ɳɖe^{21}浓	ɳ：ɳe^{33}椿	ʦ：ʦu^{55}好

tsh：tshu^{33}盐　　dʑ：dʑo^{33}长着　　ndʑ：ndʑɯ^{21}商议　　s：sɛ^{13}夺、杀
z：zu^{33}子、男　　tɕ：tɕɑ^{33}稀　　tɕh：tɕhi^{55}肺　　dʑ：dʑi^{33}床
ȵdʑ：ȵdʑu^{33}竖　　ȵ：ȵi^{33}牛　　ɕ：ɕi^{55}七　　ʑ：ʑi^{33}怒
k：ko^{33}杯　　kh：khe^{33}心记　　g：gɯ^{55}　　ŋg：ŋge^{33}矛
ŋ：ŋo^{21}我　　x：xɛ^{13}新　　ɣ：ɣɛ^{13}割、锯　　ʔ：ʔuɑ^{13}叫（乌鸦）
h：hi^{13}站

韵母（20个）：

	i	u	y	ʊ
ɪ				
e	ie	ue	ye	
ɛ				
ɑ		uɑ		
ɒ				
ə				
o				
ɯ		uɯ		
ɿ				
ʅ				
m̩				

韵母例词如下：

i：mi^{21}万　　y：dʑy^{21}太阳　　ɪ：thɪ^{33}回（家）　　ɛ：xɛ^{13}新
e：fe^{33}分　　ɑ：tɕɑ^{21}打扮　　ɒ：dɒ^{33}和　　o：mbo^{33}饱满
ʊ：tɕhʊ^{55}偿还　　u：su^{55}甥、婿　　ɯ：ɬɯ^{33}灰尘　　ə：fə^{33}甩
ɿ：dʑɿ^{33}伸　　ʅ：ɖʅ^{33}断　　m̩：m̩^{33}天　　ie：fie^{33}分
ye：tɕye^{33}蜷、缩　　ue：khue^{33}栓、北　　uɯ：khuɯ^{33}妹、口　　uɑ：khuɑ^{33}抖

声调（4个）：

调类	一	二	三	四
调值	55	33	13	21
例词	ɕi^{55}	ŋɑ^{33}	xɛ^{13}	ŋɯ^{21}
汉语	象	雀、鸟	新	是

（3）语法

同汉藏语系其他语族相比，贵州彝语在语法上有自己的特点。比如，形容词修饰名词时，有前置和后置两种组合形式，置于中心语名词前边的形容词，多限于双音节或多音节形容词，而单音节形容词一般置于中心语名词后边；数量词组修饰中心语名词时，一般放在名词后边，只有在重叠后才能置于名词之前；动宾词组里，宾语在动词的前边。

（4）词汇

彝语词汇由单纯词和合成词组成。单音节单纯词一般是彝语的基本词，双音节单纯词大部分都是外来词，多音节单纯词都是外来词。合成词的构成方式有两种：一种是由实语素和

实语素组成，另一种是由实语素和虚语素组成。按内部结构关系分，彝语词组有联合词组、偏正词组、动宾词组、后补词组、主谓词组五种基本结构类型。

3. 彝族文字

彝文古称“爨文”或“爨字”，还有称“韪书”“罗罗文”“罗文”的。彝文属表意文字，是我国历史悠久的古代民族文字之一。比照西安半坡出土的陶文、贵州威宁中水出土的陶文以及现存于彝文文献中的彝文，从三种符号的形体结构、笔画线条都可以看出它们之间似乎存在递承关系。另外，彝文具有完备的“六书”，足见彝文经历了由象形而指事，由指事而会意，由会意而形声，由形声而转注、假借的漫长的造字全过程。有学者认为，彝文发端于西安半坡出土的陶文时代，而演化为较为完善的文字，达到具有完备“六书”的阶段，应当与汉族甲骨文时代相去不远。①

同甲骨文一样，彝文因宗教祭祀而产生，主要服务于彝族社会的原始宗教活动。自古以来，彝文古籍的传承主要依靠毕摩师传徒受的方式。有的毕摩父传子受，世代相传，成为掌握彝文古籍的毕摩世家。因此，彝文古籍的传承，基本上是单系承继，范围不广，传播面窄。新中国成立以后，党和政府为彝文古籍的收集、整理、研究、传承培养了一批人才，中央民族学院曾开设过彝文古籍班，贵州民族学院设置了彝语文专业，毕节师范学校于1993～1999年开办过“彝汉双语班”，一些地方小学在低年级开设了彝汉双语教学班和彝文培训班。

彝文有自己的结构系统。彝文的结构系统包括笔画系统、偏旁系统和部位系统。彝文有八种基本笔画：点、横、竖、左斜、右斜、弯、提、圈，这些笔画又各有一些变形。彝文的笔顺规则有七种：由上而下、由左至右、先横后竖、由外至内、先中间后两边、先中间后上下、先下后上。彝文有独体字和合体字之分，合体字由两个独体字组成，作为合体字的两个独立的基本结构单位就是偏旁。在合体字的偏旁中，其中有一个用来表示词义的类别，它就是表示义类的部首。彝文结构部位的安排是很讲究的，一般不能任意改变，部位改变了，字义就会随之而改变。从独体字的结构来看，以主笔或单一结构为基本单位再附加某种符号的部位，有上加、下加、前加、后加、内加和中插等多种附加方法；从合体字的结构来看，以某一单一结构为基本单位，再附加另一单一结构的部位，有上加、下加、前加、后加等多种附加方法。

彝文的字体，除极少数字是圆形或其他形体外，绝大多数字都属方块形体，所以彝文属于方块字类型。

彝文由于内部差异较大，20世纪80年代进行了规范。目前已规范的现代彝文分为：云南规范彝文、贵州规范彝文、凉山规范彝文三种。

在历史上彝族先民曾使用彝文记录了大量的有关彝族历史、地理、哲学、天文、军事、教育、历法和医药等方面的珍贵史料，为彝族人民，也为我国各族人民留下了极为丰富的文化遗产，有着广泛的研究价值。

---

① 丁椿寿：《彝语通论》。贵州民族研究所内部出版，1985年，第19页。

第二章 中国共产党在贵州实行的民族语文政策

第一节 历代统治阶级对待贵州少数民族语言文字的态度

贵州地区同中原地区广泛而密切的联系，应该始于西汉，因为从那时起，贵州大地上的古夜郎王国（其疆域很可能也包括滇东及桂西北地区）正式归附中央王朝。在两千多年漫长的封建统治时期，历代统治阶级或只是从军事上进行扩张和占领、从政治上进行控制和羁縻，或除政治、军事上的经略外还辅之以思想上、文化上的教化与认同，并未制定过专门的民族语言文字政策。但是我们仍能从各个王朝的民族统治政策来考察其对待贵州少数民族语言文字的态度。

古夜郎族群归附汉王朝后，中央政权按其内部统治势力的强弱、统治地区的大小，分别授以王、侯等称号，这样，中央政权通过封赐将各个势力范围正式纳入行政建置，并通过他们对当地各族进行统治。而各个地方王侯在自己的辖区内保持着“以故俗治”的体制，具有较强的政治独立性。

公元前 221 年秦始皇统一全国后，也开始对“西南夷”进行经营。《史记·西南夷传》说：“秦时，命常頞（或作頞）略通五尺道，诸此国颇置吏焉。”秦时的五尺道以巴、蜀为基地，成为经营“西南夷”的重要通道。秦在南夷地区设置行政机构，基本上都是在五尺道沿线。

元鼎六年（公元前 111 年）西汉王朝在西南地区设立牂牁郡。为保障官兵的粮饷供应，汉武帝采取“募豪民，田南夷”的措施，从今川西南一带将一批豪强地主连同依附的农民一起，迁徙到今滇、黔的一些地区进行垦殖。但像牂牁郡这样的“边郡”，虽已纳入全国统一的行政建置，也只不过是一些政治、军事据点，广大的地区仍由当地土著王侯统治。这种政治格局，后人称为“郡国并存”或“郡国并治”。

东汉王朝在牂牁恢复统治后，基本上沿袭了西汉时期的各项措施。值得一提的是，学校教育开始传入西南地区。《华阳国志》记载：“明章之世（应为桓灵之世），毋敛人尹珍，字道真，以生遐裔，未渐痒序，乃远从汝南许叔重受五经，又师事应世叔学图纬，通三才，还以教授，于是南域始有学焉。”尹珍是走出大山求学的第一人，学成之后回乡办学，首开“南中之学”（“南中”，大抵就是原来的“南夷”地区）。

三国时期，诸葛亮为了实现北伐中原、统一全国的理想，曾率军南征平叛，以解后顾之忧。平定南中后，诸葛亮坚持和抚政策，推行有利于发展南中各少数民族社会经济的宽缓政策。“即其渠率而用之”，依靠当地土著首领来管理南中地区。诸葛亮治理南中的政策主要有如下四个方面：（1）增设郡县，健全统治机构；（2）重视对南中“大姓”及民族上层人士的任用；（3）将南中的一些富豪迁往成都，并将一部分青壮年补充为兵士；（4）将部分居住在山地的人民“徙居平地，建城邑，务农桑”。

魏晋南北朝时期，地方行政制度基本沿袭秦汉。隋代仅存38年，其在今贵州所领郡县，主要在乌江以北，对乌江以南的大片土地还无力控制。

唐代的行政建制分州、县二级。州又有经制州和羁縻州之别。唐王朝在政权巩固、经济发达的地区设置经制州，“官不世袭，职不常任”，“编户齐民”，实行赋税之法和徭役制；在政权不巩固的偏远地区（大抵在今贵州和广西境内）主要设置羁縻州。《新唐书·地理志》载：“唐兴，初未暇于四夷，自太宗平突厥，西北诸蕃及蛮夷稍稍内属，即其部落列置州县。其大者为都督府，以其首领为都督、刺史，皆得世袭。虽贡赋版籍，多不上户部，然声教所暨，皆边州都督、都护所领，著于令式。”羁縻州的主要特点是：其建置范围以各土著首领所献地为基础，以土官治土民，保留原来的部落组织，不改变当地民族的生产生活方式和风俗习惯；朝廷任命土著首领为都督、刺史，子孙世袭罔替，但要由朝廷封赐册命，要忠于王朝，定期朝贡，服从朝廷调遣；羁縻州与中央王朝的关系比较松弛，王朝往往对其采取“来者不拒，去者不追”的政策；羁縻州人口、赋税“不入版籍”。

五代时期，贵州与中原王朝的关系时续时断，而与前蜀、楚、后蜀以及大理的关系则较为密切。大体情况是：黔北多附于蜀，黔东及黔南多附于楚，黔西与大理的关系较为密切。

两宋时期，仍沿袭唐代旧制，实行“经制州、羁縻州和藩国并存”。宋代对今贵州的控制比之唐代更为松弛。当时，贵州大部分地区属夔州路，经制州甚少，绝大部分均属羁縻州。要着重指出的是，宋代较重视教育。自庆历以来，“郡国皆立学，学必有孔子庙”，官学书院比唐代较为普及。黔北思州、播州的教育也渐渐发展起来。据《遵义府志》记载，土官杨光荣自幼受到儒学的熏陶，“性嗜读书”，秉政后择名师教授经史子集，自此以后，文教兴起。传至土官杨粲时，教育更加兴盛，开启了“建学养士”之风，从此有了学校。其后，杨文始建孔庙，进一步弘扬儒学。思州的沿河地方，宋代建有鸾塘书院，是贵州有书院之始。由于学校的兴起，科举制度在黔北地区逐渐推行。

元代将贵州纳入行省并推行土司制度。土司制度的特点是“以土官治土民”，在不妨碍封建社会秩序，不影响国家统一的前提下，由土官管理本民族事务，并不改变原先的社会经济体系。虽然如此，元代统治者仍很重视在西南地区推行儒学。元初，驻守成都的蒙古都元帅纽憐极力推崇儒学，使播州的儒学一时兴盛起来。

明朝建立以后，贵州成为战略重点。朱元璋对贵州实施了多项重大举措：建立都指挥使司，设卫所，驻重兵；整治驿道，增设驿站；令卫所官兵屯田，实行“开中”；笼络各族土司首领。同时，对土司制度也做了一些变革：土、流分治而不相混；无论大小土司都必须由朝廷直接任命，并亲自赴京受职，任期须定期入京朝觐、进贡；土司承袭之权归中央，没有朝命不得承袭；重视对土司子弟的教化，把入学读书习礼作为承袭土司的必由之路，竭力推行儒学，令各土司“凡有子弟皆令入国学受业”，目的在于“使知君臣父子之道，礼乐教化之事”。因而儒学教育在贵州勃然兴起，教育状况大为改观。

土司制度经元、明两代的发展，到清代前期已成为统治西南、西北民族地区的普遍制度。顺治、康熙两朝对土司制度做了一些修改，以加强控制，内容包括：严格承袭制度，明确土司职责，加强铨叙考核，颁布苗疆禁令。雍正年间，又开始大规模地在西南地区实施“改土归流”，其目的就是要从根本上解决长期以来“土流分治”的问题，把西南地区纳入中央王朝的流官的统治之下。当时，“改土归流”的任务主要包括：削弱土司势力，“剿抚苗蛮”，归并事权，“清查田亩，以增赋税”。清代的官学在明朝的基础上数量又有所增加。从康熙三年（1664 年）算起，到清末改行新学之前，贵州全省共建官学 69 所。自雍正以来，贵州各地的书院逐渐蓬勃发展起来。据统计，清代贵州共建书院 133 所，是明朝书院的五倍多。清政府热衷于在贵州兴办教育，而且施教的对象也从先前的土司子弟和“苗民之俊秀者”，以及“大乡巨堡”扩展到偏僻乡村，其目的就在于要改变贵州各少数民族“不事诗书，罔知礼义”的“夷俗”，以为其封建统治服务。在清末的戊戌变法时期，维新志士把教育改革、兴办新式学堂作为变法的重要内容。其办学的宗旨，按光绪三十四年（1908 年）“上谕”所示，是以“忠君”“尊孔”“尚忠”“尚武”“尚实”为目的的。

民国时期，贵州各级各类的教育得到进一步发展。到 1947 年，贵州省共有公立幼稚园 22 所；到 1949 年 10 月，全省有中心学校 1409 所，保国民学校 2513 所；到 1945 年以后，全省中学发展到 128 所，学生 29 607 人；从 1913 年起，开始有了高等学校。为了推进民族地区的教育，1935 年贵州省教育厅成立特殊教育委员会，专门管理民族教育，后来还成立师范学校，专门为少数民族地区的教育培养师资。但是，这一时期贵州文化教育发展的基点和归宿仍然是民族歧视和民族同化。1931 年，湘、黔、滇、桂各省军阀就先后根据国民党的政策，公布了所谓“苗族之教育计划与实施”“实施边地教育办法大纲要”“特种教育实施方案”“抚绥苗彝民族实施纲要”等一系列同化法令。这些法令的实质就是要消灭苗族、彝族、侗族等少数民族的语言和习俗。当时的贵州省政府主席杨森公开叫嚷“不让一个民族有不同的服装、文字、语言”，要在“几年之内，在贵州听不到悬殊语言，看不到奇异服装，找不出各族间的界限”。为此，杨森还派出大批督办人员到民族地区去强制推行，因而遭到各族人民的强烈反抗。

综上所述，从西汉到唐代，历代统治者只是在军事上、政治上对贵州进行占领和统治，还不能从文化教育上，以平等的民族政策来进行管理和发展。自宋代始，统治阶级才开始在贵州地区兴办学校，发展教育，放眼“文治”。然而，显而易见，无论是着眼“武力”还是放眼“文治”时期，历代统治阶级对贵州各少数民族的文化、语言、文字都是极端排斥和否定的，他们推行的是狭隘的民族主义和儒家正统思想。所谓的“文治”，也完全是为封建统治服务的，不过是为了对所谓的“蛮夷”进行教化和同化，使其认同封建正统文化和思想而已。

因此，只有中国共产党领导的新中国才能实行平等的民族政策和平等的民族语文政策，能够平等地对待贵州少数民族语言文字，使其受到充分尊重，获得大发展。

第二节　中国共产党的民族语文政策

民族平等是马克思主义民族理论的基石和首要原则。马克思主义认为：民族之间只存在发展水平上的差异，而没有优劣之分，各民族是一律平等的；一个民族只有平等地对待其他民族，才能与其他民族和睦相处；无产阶级反对一切形式的民族压迫。马克思、恩格斯关于反对民族压迫、实行民族平等的主张是针对不同国家之间的民族关系提出来的，把这些主张运用于解决一个国家内部的民族问题是列宁的理论创新。

列宁《关于民族问题的批评意见》（写于1913年10～12月，《列宁全集》第20卷，第10页）指出，“马克思主义的民族纲领……首先是坚持民族平等和语言平等，不容许在这方面有任何特权。”“谁不承认和坚持民族平等和语言平等，不同各种民族压迫或不平等作斗争，谁就不是马克思主义者，甚至也不是民主主义者。”列宁《腐蚀工人的精致的民族主义》（发表于1914年5月，《列宁全集》第20卷，第288页）指出，“马克思主义者重视承认民族和语言的平等，不仅因为他们是最彻底的民族主义者。无产阶级团结的利益、工人的阶级斗争的同志般团结一致的利益也要求各民族的最完全的平等，以消除民族间最微小的不信任、疏远、猜疑和仇视。完全平等其中也就包括否认某种语言的任何特权……”列宁《需要实行义务国语吗？》（发表于1914年1月，《列宁全集》第20卷，第59页）指出，“必须取消义务国语，保证居民能够用各种当地语言在学校中授课，并在宪法中加进不许某一民族拥有任何特权、不许对少数民族的权利有任何侵犯这样一条基本法律……”列宁《关于民族平等和保护各少数民族权利的法律草案》（写于1914年5月，《列宁全集》第20卷，第278页）指出，“国内各民族绝对一律平等，任何属于一个民族或一种语言的特权都应认为是不能容许的、违背宪法的事情。”“地方自治机关和自治区代表会议确定一种语言，用这种语言来进行该地区或边区一切国家机关和社会团体业务，同时，各个其他少数民族根据平等的原则，有权要求无条件地保护自己语言的权利，例如，要求国家机关和社会团体用自己所采用的同一语言来答复的权利等等。地方、城市及其他自治机关不论在财政方面或在行政、司法以及任何其他方面破坏少数民族语言的措施应被认为无效，必须根据国家的任何公民——不论他居住何处——提出的抗议予以废除。”

斯大林《俄罗斯联邦共和国的组织》（发表于1918年4月，《斯大林全集》第4卷，第66页）指出，“无论在诉讼方面或在学校中，都不得强制采用任何‘国语’！每个区域选择一种或者几种适应当地居民民族成分的语言，并且在一切社会机关和政治机关中都要遵守少数民族语言和多数民族语言完全平等的原则。”斯大林《马克思主义和民族问题》（发表于1913年3月，《斯大林全集》第2卷，第354、355页）指出，“少数民族感到不满的不是没有民族联盟，而是没有使用本族语言的权利。让他们使用本族语言，这种不满就会自行消失了。”“少数民族感到不满的不是没有勉强凑成的联盟，而是他们没有本族的学校。给他们这种学校，这种不满就失去任何根据了。”“在一切方面（语言、学校等等）实行民族平等是解决民族问题的一个必要条件。”

中国共产党是以马克思主义为指导思想的政党，马克思主义民族理论是中国共产党制定民族政策和解决民族问题的直接理论来源。中国共产党的民族语言文字政策，充分体现了马克思主义关于民族平等、语言平等的指导思想，切实保障了少数民族使用自己的语言文字的权利。

1931年11月，中华苏维埃第一次全国代表大会通过的《中华苏维埃共和国宪法大纲》明确规定：“在苏维埃政权领域内的工人、农民、红军士兵及一切劳苦民众和他们的家属，不分男女种族（汉、满、蒙、回、藏、苗、黎和中国的台湾、高丽、安南人等）宗教，在苏维埃法律前一律平等，皆为苏维埃共和国的公民。”这次大会还通过了《关于中国境内少数民族问题决议案》，强调“中华苏维埃共和国的目的是建立一个没有民族界限的国家，是在消灭一切民族间的仇视与成见”，表现了中国共产党实现民族平等和民族团结的坚定决心。

1938年11月，毛泽东在中国共产党第六届中央委员会第六次全体扩大会议上指出："尊重各少数民族的文化、宗教、习惯，不但不应强迫他们学汉文汉语，而且应帮助他们发展用自己语言文字的文化教育。""纠正存在着的大汉族主义，提倡汉人用平等态度和各族接触，使日益亲善密切起来，同时禁止任何对他们带侮辱性与轻视性的言语、文字与行动。"

1945年4月，毛泽东在《论联合政府》一文中指出："他们（指少数民族，编者）的语言、文字、风俗、习惯和宗教信仰，应被尊重。"

1949年9月，中国人民政治协商会议第一届全体会议通过了起临时宪法作用的《中国人民政治协商会议共同纲领》，其中第五十三条明确规定："各少数民族均有发展其语言文学、保持或改革其风俗习惯及宗教信仰的自由。人民政府应帮助少数民族的人民大众发展其政治、经济、文化、教育的建设事业。"

1952年8月，由中央人民政府委员会第十八次会议批准，中央人民政府公布的《中华人民共和国民族区域自治实施纲要》，其中第十五条明确规定："各民族自治区自治机关得采用一种在其自治区内通用的民族文字，为行使职权的主要工具；对不适用此种文字的民族行使职权时，应同时采用该民族的文字。"第十六条规定："各民族自治区自治机关得采用各民族自己的语言文字，以发展各民族的文化教育事业。"

从中国共产党的早期到20世纪50年代初，由于客观条件的限制，党还只能从理论上、权益上来维护各少数民族使用自己的语言文字的权利。从20世纪50年代中期起，随着新兴政权的巩固，少数民族在语言文字方面的权利得到进一步保障，并开始在实践中得以贯彻落实。

1954年5月，中央人民政府政务院文教委员会民族语言文字研究指导委员会及中央人民政府民族事务委员会发布《关于帮助尚无文字的民族创立文字问题的报告》。报告旨在确定有关制定少数民族语言文字问题的基本原则。报告指出，"对于没有文字或没有通用文字的民族，根据他们的自愿自择，应在经过一定时期的调查研究之后，帮助他们逐步制定一种拼音文字，或帮助他们选择一种现有的适用的文字"；"各民族新创拼音文字的字母形式，……基本上可以拉丁字母作为试行字母或记音符号，将来再考虑改变。某些民族因邻近苏联和蒙古人民共和国，也可依其自愿使用俄文字母"；"各少数民族均有发展其语言文字的自由，也均有学习和使用其语言文字的自由，同时不论已有文字或还没有文字的各民族人民，凡是自愿学习和使用汉语汉文或其他民族语言文字者，各级人民政府均应予以保障和帮助，凡机关、学校、团体等亦均应尽可能予以帮助，并不得加以歧视"。

1954年9月，第一届全国人民代表大会第一次会议通过、颁布了中国第一部社会主义宪法——《中华人民共和国宪法》，其中第三条明确规定："各民族都有使用和发展自己的语言文字的自由，都有保持或者改革自己的风俗习惯的自由。"

1956年3月10日，国务院发布《国务院关于各少数民族创立和改革文字方案的批准程序和实验推行分工的通知》，确定了各少数民族创立和改革文字方案的批准程序，明确了各少数民族创立和改革文字方案并经批准之后进行实验推行的具体分工。

1982 年 12 月 4 日，第五届全国人民代表大会第五次会议通过，1982 年 12 月 4 日全国人民代表大会公告公布施行的《中华人民共和国宪法》，其中第四条第四款规定："各民族都有使用和发展自己的语言文字的自由，都有保持或者改革自己的风俗习惯的自由。"第一百二十一条规定："民族自治地方的自治机关在执行职务的时候，依照本民族自治地方自治条例的规定，使用当地通用的一种或者几种语言文字。"第一百三十四条第一款规定："各民族公民都有使用本民族语言文字进行诉讼的权利。人民法院和人民检察院对于不通晓当地通用的语言文字的诉讼参与人，应当为他们翻译。”第二款规定：“在少数民族聚居或者多民族共同居住的地区，应当用当地通用的语言进行审理；起诉书、判决书、布告和其他文书应当根据实际需要使用当地通用的一种或者几种文字。”

1984 年 5 月 31 日，第六届全国人民代表大会第二次会议通过《中华人民共和国民族区域自治法》，其中第十条规定：“民族自治地方的自治机关保障本地方各民族都有使用和发展自己的语言文字的自由，都有保持或者改革自己的风俗习惯的自由。”第二十一条规定：“民族自治地方的自治机关在执行职务的时候，依照本民族自治地方自治条例的规定，使用当地通用的一种或者几种语言文字；同时使用几种通用的语言文字执行职务的，可以以实行区域自治的民族的语言文字为主。”第三十七条第三款规定：“招收少数民族学生为主的学校（班级）和其他教育机构，有条件的应当采用少数民族文字的课本，并用少数民族语言讲课；根据情况从小学低年级或者高年级起开设汉文课程，推广全国通用的普通话和规范汉字。”第四十七条规定：“民族自治地方的人民法院和人民检察院应当用当地通用的语言审理和检察案件，并合理配备通晓当地通用的少数民族语言文字的人员。对于不通晓当地通用的语言文字的诉讼参与人，应当为他们提供翻译。保障各民族公民都有使用本民族语言文字进行诉讼的权利。法律文书应当根据实际需要，使用当地通用的一种或者几种规范汉字。”第四十九条规定：“民族自治地方的自治机关教育和鼓励各民族的干部互相学习语言文字。汉族干部要学习当地少数民族的语言文字，少数民族干部在学习、使用本民族语言文字的同时，也要学习全国通用的普通话和规范汉字。”

1986 年 4 月 12 日，第六届全国人民代表大会第四次会议通过《中华人民共和国义务教育法》，其中第六条规定：“学校应当推广全国通用的普通话。招收少数民族学生为主的学校，可以用少数民族通用的语言文字教学。”

1991 年 4 月 30 日，国家民族事务委员会向国务院提交《关于进一步做好少数民族语言文字工作的报告》。报告指出现阶段民族语文工作还存在一些问题，主要是：“对民族语文工作的指导方针认识还不够明确，贯彻不够得力，有忽视民族语文工作的现象；对民族语文工作缺乏有效管理，在文字的创制和使用等方面存在着各行其是的情况；同时，人员编制和经费不足，也影响了这项工作的顺利开展。”报告还指出新时期民族语文工作的主要任务是：“贯彻党和国家的民族语文政策；加强民族语文法制建设；进行马克思主义民族语文理论、政策的宣传；搞好民族语文的规范化、标准化和信息处理；促进民族语文的翻译、出版、教育、新闻、广播、影视、古籍整理事业；推进民族语文的学术研究、协作交流和人才培养；鼓励各民族互相学习语言文字。”报告确立了贯彻落实民族语文工作方针、任务的主要措施，包括：

第一，从实际出发，分类指导，切实做好少数民族文字的使用和推行工作。对于沿用至今的通用民族文字，要求继续做好学习、使用和发展工作，切实保障它们在本民族自治地方政治、经济、文化各个领域的使用，并促进文字的规范化和标准化，使其日臻完善。对 20 世纪 50 年代创制和改进的民族文字，试行效果好、受多数群众欢迎的，按规定程序上报批准推行；效果不够理想的，要认真总结，改进完善；效果不好、多数群众不欢迎的，应尊重群众的意愿，不要勉强试行。提倡没有文字或没有通用文字的民族选择一种现有的适用的文字，已选用汉文或其他民族文字的，应尊重本民族的意愿，予以肯定。对少数民族文字的改革和改进，应遵循语言本身的发展规律，尊重本民族多数群众的意愿，慎重、稳妥地进行。

第二，鼓励各民族互相学习语言文字。在少数民族地区工作的汉族干部，要积极学习当地少数民族的语言文字。少数民族干部在学习、使用本民族语言文字的同时，也要积极学习全国通用的普通话和汉文。能够熟练使用两种以上当地通用的语言文字的，应当予以奖励。

第三，按照《中华人民共和国民族区域自治法》规定的精神，以招收少数民族学生为主的学校，有条件的应当采用少数民族文字的课本，并用少数民族语言授课，在适当年级增设汉语文课程，实行双语教学，推广全国通用的普通话。要采取有效措施，多渠道、多层次培养民族语文和双语教师、翻译、编辑和研究人员，增加民族文字的教材和各种读物的数量，提高质量。要加强民族语文的基础理论、应用理论和民族文字信息处理的科学研究，积极推广和普及研究成果。

第四，加强领导。请求各级政府要重视民族语文工作，加强对这项工作的领导，从各方面给予关心和支持，帮助解决工作中的具体困难和问题。要适时组织省、区之间民族语文工作的写作和交流。

1991 年 6 月 19 日国务院同意此报告，并转发各省、自治区、直辖市人民政府，国务院各部委、各直属机构，要求遵照执行。

1992 年 10 月 20 日，国家教委、国家民委发布《关于加强民族教育工作若干问题的意见》，指出在使用民族语言文字教学的地区，要因地制宜地搞好双语教学；民族学校的教学语言文字政策的具体实施，根据多数群众的意愿和当地的语言环境决定；提倡汉族青年学习少数民族的语言文字；要求认真抓好民族文字教材的编译出版工作，民族文字教材的编译出版，除省（区）财政拨专款给予支持外，要改革管理体制，按照“以教材养教材”的原则实行以盈补亏，即用出版汉文中小学教材的盈利补贴出版民族文字中小学教材的亏损。

1995 年 3 月 18 日，第八届全国人民代表大会第三次会议通过《中华人民共和国教育法》，其中第十二条规定：“汉语言文字为学校及其他教育机构的基本教学语言文字。少数民族学生为主的学校及其他教育机构，可以使用本民族或者当地民族通用的语言文字进行教学。”

2002 年 7 月 7 日，国务院发布《关于深化改革加快发展民族教育的决定》，指出要大力推进民族中小学双语教学，正确处理使用少数民族语授课和汉语教学的关系，部署民族中小学双语教学工作；要求在民族中小学逐步形成少数民族语和汉语教学的课程体系；把双语教学教材建设列入当地教育发展规划，予以重点保障；明确表示国家将对双语教学的研究、教材开发和出版给予重点扶持。

2005 年 5 月 11 日，国务院第八十九次常务会议通过《国务院实施〈中华人民共和国民族区域自治法〉若干规定》，其中第二十二条规定：“国家保障各民族使用和发展本民族语言文字的自由，扶持少数民族语言文字的规范化、标准化和信息处理工作；推广使用全国通用的普通话和规范汉字；鼓励民族自治地方各民族公民互相学习语言文字。国家鼓励民族自治地方逐步推行少数民族语文和汉语文授课的‘双语教学’，扶持少数民族语文和汉语文教材的研究、开发、编译和出版，支持建立和健全少数民族教材的编译和审查机构，帮助培养通晓少数民族语文和汉语文的教师。”第二十四条规定：“国家支持少数民族新闻出版事业发展，做好少数民族语言广播、电影、电视节目的译制、制作和播映，扶持少数民族语言文字出版物的翻译、出版。”第二十五条规定：“上级人民政府支持对少数民族非物质文化遗产和名胜古迹、文物等物质文化遗产的保护和抢救，支持对少数民族古籍的搜集、整理、出版。”

此外，1979 年 7 月 1 日第五届全国人民代表大会第二次会议通过的《中华人民共和国人民法院组织法》《中华人民共和国刑事诉讼法》，1979 年 9 月 24 日发布的《国务院关于国家行政机关和企业、事业单位印章的规定》，1982 年 12 月 10 日第五届全国人民代表大会第五次会议通过的《中华人民共和国全国人民代表大会组织法》，1983 年 8 月 22 日发布的《中华人民共和国经济合同仲裁条例》，1987 年 4 月 1 日发布的《国家语委、广播影视部关于广播、电影、电视正确使用语言文字的若干规定》，1988 年 2 月 5 日国务院发布的《扫除文盲工作条例》，1989 年 4 月 4 日第七届全国人民代表大会第二次会议通过的《中华人民共和国行政诉讼法》，1989 年 8 月 20 日国务院批准、1989 年 9 月 11 日国家教育委员会发布的《幼儿园管理条例》，1991 年 4 月 9 日第七届全国人民代表大会第四次会议通过的《中华人民共和国民事诉讼法》，1992 年 2 月 19 日国务院批准、1992 年 3 月 14 日国家教育委员会发布的《中华人民共和国义务教育法实施细则》，1992 年 4 月 3 日第七届全国人民代表大会第五次会议通过的《中华人民共和国全国人民代表大会和地方各级人民代表大会代表法》，1992 年 11 月 2 日国家教委发布的《关于加强民族散杂居地区少数民族教育工作的意见》，1993 年 8 月 29 日国务院批准、国家民委发布施行的《城市民族工作条例》《民族乡行政工作条例》，1996 年 3 月 9 日国家教育委员会发布的《小学管理规程》，2000 年 9 月 23 日教育部发布的《〈教师资格条例〉实施办法》，2000 年 10 月 31 日第九届全国人民代表大会常务委员会第十八次会议通过的《中华人民共和国国家通用语言文字法》等法律法规及文件，都有力地保障了少数民族使用自己的语言文字的权利。

第三节　贵州颁布的有关民族语文的法规、文件

在中国共产党民族理论、民族语文政策以及《中华人民共和国宪法》《中华人民共和国民族区域自治法》等有关法律法规的指导下，贵州省在执行党的民族语文政策的实践中，根据实际情况制定了一系列地方法规，发布了许多重要文件，有力地保障了党的民族语文政策在贵州的贯彻落实，在实际工作中收到显著成效。

1985 年 4 月 7 日黔南布依族苗族自治州第七届人民代表大会第五次会议通过、1986 年 7 月 11 日贵州省第六届人民代表大会常务委员会第十九次会议批准的《贵州省黔南布依族苗族自治州自治条例》，其中第九条规定：“自治州的自治机关保障各民族都有使用和发展自己的语言文字的自由，都有保持或者改革自己的风俗习惯的自由。”第十九条规定：“自治州的自治机关在执行职务时使用汉语言文字和布依语、苗语，并积极创造条件，使布依文、苗文同汉文都成为执行职务时使用的文字。自治州的自治机关设立少数民族文字推行、翻译、研究和指导机构。”第二十六条规定：“自治州各级人民法院和人民检察院应当用当地通用的语言审理案件和检察案件。保障各民族公民有使用本民族语言文字进行诉讼的权利。对于不通晓当地通用的语言文字的诉讼参与人，应当为他们翻译。”第三十条规定：“鼓励各民族干部互相学习语言文字。”第六十二条规定：“自治州内凡不通晓汉语地方的小学，增设少数民族文字的课本，并用少数民族语言辅助教学，同时推广普通话。民族师范专科学校、民族师范学校和民族行政管理学校逐步把布依文、苗文列为选修课。”

1987 年 4 月 20 日黔东南苗族侗族自治州第八届人民代表大会第二次会议通过、1987

年7月16日贵州省第六届人民代表大会常务委员会第二十五次会议批准的《贵州省黔东南苗族侗族自治州自治条例》，其中第十四条规定："自治州的自治机关和审判机关、检察机关在执行职务的时候，通用汉语汉文，也可以使用苗语、侗语，并且可以使用苗文、侗文书写法律文书及其他文书。自治州的人民法院和人民检察院可以使用当地少数民族的语言检察和审理案件。保障各民族公民都有使用本民族语言文字进行诉讼的权利。对不通晓汉语、汉文的诉讼参与人，应当为他们翻译。"第五十条规定："自治州内不通晓汉语的少数民族聚居区的小学低年级，应当使用当地少数民族通晓的语言进行辅助教学；有条件的也应当分别使用苗文、侗文和其他少数民族文字教学。""自治州内的师范院校、民族行政管理学校应当逐步开设苗文、侗文课，有条件的其他学校也可以开设苗文、侗文课。""自治州内分别使用汉文和苗文、侗文扫除文盲。"第六十八条规定："自治州的自治机关保障州内各民族公民都有使用和发展自己的语言文字的自由。提倡各民族公民互相学习语言文字。积极推广全国通用的普通话。自治州人民政府设置少数民族语言文字工作的指导机构和苗文、侗文出版机构，积极推广苗文、侗文。"

1987年11月15日黔西南布依族苗族自治州第二届人民代表大会第二次会议通过、1988年1月10日贵州省第六届人民代表大会常务委员会第二十九次会议批准的《贵州省黔西南布依族苗族自治州自治条例》，其中第八条规定："自治州的自治机关保障各民族都有使用和发展自己的语言文字的自由，都有保持或者改革自己的风俗习惯的自由。"第十五条规定："自治州各级人民法院和自治州各级人民检察院应当用汉语或者布依语、苗语审理、检察案件。保障各民族公民都有使用本民族语言文字进行诉讼的权利。对于不通晓汉语或者布依语、苗语的诉讼参与人，应当为他们翻译。"第十六条规定："自治州的自治机关在执行职务时，使用汉语言文字或者布依语、苗语；并积极创造条件，逐步使布依文、苗文和汉文都成为执行职务的文字。"第四十七条规定："自治州内不通晓汉语的少数民族聚居的小学，可以用汉语文和本民族语言文字进行教学，逐步推广全国通用的普通话。"第五十八条规定："自治州的自治机关提倡和鼓励各民族的干部互相学习语言文字。自治州的自治机关有计划有步骤地研究、推广布依文和苗文。"

20世纪80年代，《贵州省黔南布依族苗族自治州自治条例》《贵州省黔西南布依族苗族自治州自治条例》《贵州省黔西南布依族苗族自治州自治条例》三个自治条例的颁布，为保障贵州省民族自治地方使用和发展自己语言文字的权利奠定了法制基础。

2001年9月3日，贵州省教育厅、贵州省民族宗教事务委员会（以下简称民宗委）发布《关于要求建立学前"双语"教学试验点的通知》，决定在贵州省有关地（州、市）、县部分学校继续进行学前双语教学试点。

2002年7月30日，贵州省第九届人民代表大会常务委员会第二十九次会议通过《贵州省民族民间文化保护条例》，把少数民族的语言、文字作为民族民间文化纳入保护范畴。条例第四条、第五条、第六条规定："民族民间文化保护实行保护为主、合理开发、政府主导、社会参与的原则。""县级以上人民政府应当将民族民间文化保护工作纳入国民经济和社会发展计划。""县级以上人民政府文化行政部门主管本行政区域内民族民间文化的保护工作。民族宗教事务、公安、工商、建设、规划、教育、旅游、环保、体育等有关部门应当按照各自的职责，配合文化行政部门做好民族民间文化保护工作。"该条例第八条、第九条、第十条规定："县级以上人民政府文化行政部门应当组织对本地区的民族民间文化进行普查、搜集、整理和研究，保护研究成果，提倡资源共享，鼓励开展民族民间文化的交流与合作。”“县级以上人民政府文化行政部门对于濒危的有重要价值的民族民间文化遗产，应当会同有关部门及时组织抢救。”“县级以上人民政府文化、民族宗教事务等部门对于征集、搜集的民族民间文化资料，应当进行系统的整理、归档，逐步建立信息查询系统。重要的民族民间文化资料、实物应当长期保存。整理、出版民族民间文化资料，应当尊重民族风俗习惯，保持其有内涵和风貌。”该条例第三十条规定：“中小学应当将优秀的民族民间文化作为素质教育的内容。少数民族地区的教育机构可以用少数民族语言文字进行双语教学。有条件的高等院校可以开设民族民间文化课程，培养民族民间文化的专门人才。”该条例决定命名“贵州省民族民间文化传承人”“贵州省民族民间文化传承单位”“贵州省民族民间文化之乡”，决定建立“民族文化生态博物馆”或者“民族文化村寨博物馆”“民族文化生态保护区”。

2002 年 10 月 8 日，贵州省教育厅、贵州省民宗委下发《关于在我省各级各类学校开展民族民间文化教育的实施意见》，就贵州省各级各类学校贯彻执行《贵州省民族民间文化保护条例》，开设民族民间文化课程，提出了如下意见：

第一，贵州省各级各类学校都应认真贯彻执行《贵州省民族民间文化保护条例》，因地、因校制宜，积极参与民族民间文化的保护。少数民族聚居地方，可由市（州、地）教育行政部门、民族事务部门统一组织编写相关的地方教材、补充教材，主要供教师使用。

第二，在不通晓汉语的少数民族聚居地区，要认真坚持开展双语教学。有条件的地方，应将双语教学逐步提前到学前教育阶段实施，使这些地方的少数民族学生既能在日常生活中用本民族语言交流，又能使用普通话顺利地完成学业。把民族地区对双语教师的需求作为重点来考虑，制订长期的培养培训计划。

第三，有条件的高等院校应开设民族民间文化课程，培养民族民间文化的专门人才。

2002 年 11 月 13 日，贵州省民宗委、贵州省教育厅发布《关于进一步做好我省少数民族语言文字工作的意见》，提出要认真总结双语教学的成绩和经验，积极推进“双语”教学的深入发展。具体措施是：

第一，把双语教学纳入民族教育体系。把教学计划安排、师资队伍建设、资金投入等都纳入政府教育管理体制，在不通晓汉语的少数民族聚居区，让学龄儿童提前 1～2 年入学，开展学前双语教育，在小学阶段适当实施双语教学。

第二，加强师资培训。一是决定抓好对现有双语教师的培训工作。从 2002 年起，每年举办两期双语师资培训班。双语教师的培训工作由省教育厅、省民宗委拟订计划并组织实施，培训经费纳入省级教育经费计划。二是决定拓宽双语师资培养渠道。在继续办好贵州民族学院民语系（少数民族语言文学专业现归属文学院）的同时，在民族师范院校中也要有计划地开办双语师资班，培养双语教师。

第三，抓好教材、读物的编译出版工作。

该意见还要求继续抓好农村民族文字的扫盲教育，继续搞好民族语言广播以及电影译制工作。

2004 年 5 月 21 日，贵州省教育厅、贵州省民族宗教事务委员会向各市（州、地）教育局、民宗局及有关单位印发《贵州省双语教学研讨会会议纪要》。该纪要认为，做好贵州省双语教学工作应着重加强和解决以下主要问题：

第一，深入研究省情和我省民族教育的实际，提高认识，统一思想，对民族地区双语教学工作要常抓不懈。

第二，进一步摸清民族双语教学现状，分语种和地区制定相应的教学和考核标准，保证双语教学质量。

第三，合理调控民族教育经费，将民族教育经费重点用于双语教学、民族民间文化进课堂、民族地区农村实用技术传授等方面。各级教育行政部门、民宗部门要设立双语教学专项经费，着重用于解决双语教学教材建设、师资培训、教师待遇等问题。

第四，把双语教学作为民族教育的重要内容纳入教育体制，加强管理。

第五，加强双语教师队伍建设。在贵州民族学院建立双语师资培养培训基地，并在有条件的院校开设民族语文师资班。

第六，着手抓好民族语文教材、读物、工具书的编译出版工作。

第七，把双语教学同民族民间文化教育有机结合起来。

2005 年 9 月 21 日，中共贵州省委、贵州省人民政府发布《关于进一步加强民族工作加快少数民族和民族地区经济社会发展的意见》，提出要积极帮助民族地区培养通晓少数民族语文和汉语文的“双语”教师，因地制宜推行“双语”教学，积极推广普通话；决定从 2006 年起，省级财政设立少数民族教育专项补助资金 1000 万元，用于解决“双语”教师培训及教材编写、少数民族特困学生救助、民族民间文化进校园等民族教育发展中的特殊问题。

2005 年 9 月 23 日，贵州省第十届人民代表大会常务委员会第十七次会议通过的《贵州省实施〈中华人民共和国民族区域自治法〉若干规定》，其中第二十五条规定：“上级国家机关应当对民族自治地方举办双语教学的学校或者班级给予扶持帮助，重视培养少数民族双语教师队伍”“上级国家机关应当支持和帮助开展少数民族语言文字研究”。

第三章　贵州民族语文工作开创期（1949～1958）

第一节　新中国成立初期少数民族语言普查及其对贵州民族语文工作的意义

一、少数民族语言普查的背景

正如上文所述，新中国成立以前我国各少数民族政治上处于被统治、被歧视的地位，经济发展水平极其低下，生活十分贫困，接受文化教育的权利被剥夺。新中国的成立，标志着不平等的民族政策的结束，开始进入民族平等、语言平等的新时代。为了做好民族工作，新中国刚刚成立，党和政府就多次派出访问团深入包括贵州少数民族在内的全国各少数民族地区，慰问少数民族群众，并进行调查研究，征求各少数民族同胞的意见。在众多意见中，反应非常强烈的一个意见就是需要为没有文字的少数民族创制文字，以提高本民族的文化教育水平。为了贯彻党的民族语文政策，中央人民政府政务院于 1951 年 2 月在《关于民族事务的几项决定》的第五条中指出："在政务院文化教育委员会内设民族语言文字指导委员会，指导和组织关于少数民族语言文字的研究工作，帮助尚无文字的民族创立文字，帮助文字不完备的民族逐渐充实其文字。"

为了对全国各地的民族语言文字的使用情况有个初步的了解，一批民族语文工作者随中央少数民族访问团，深入全国少数民族地区进行语言调查，为日后的民族识别工作和摸清我国少数民族语言的分布、使用情况和一般特点，奠定了基础。1954 年 5 月，中央人民政府政务院文化教育委员会民族语言文字研究指导委员会及民族事务委员会做出了《关于帮助尚无文字的民族创立文字问题的报告》。该报告指出："几年来由于少数民族在政治、经济、文化方面获得很大的发展，没有文字的或没有通用文字的民族现在迫切要求解决文字问题，而为了创立文字，就必须首先确定有关制定少数民族语言文字问题的基本原则。"该报告在分析了我国少数民族使用语言文字的七种基本情况之后，指出："根据以上分析，大致可以确定：对于没有文字或没有通用文字的民族，根据他们的自愿自择，应在经过一定时期的调查研究之后，帮助他们逐步制订一种拼音文字，或帮助他们选择一种现有的适用的文字。"报告认为："各少数民族均有发展其语言文字的自由，也均有学习和使用其语言文字的自由，同时不论已有文字或还没有文字的各族人民，凡是自愿学习汉语汉文或其他民族文字者，各级人民政府均应予以保障和帮助，凡机关、学校团体等亦均应尽可能予以帮助，并不得加以歧视，这是非常重要的。"同年 5 月，政务院批准了该报告，并指出："报告中所提关于帮助尚无文字的民族创立文字的办法，特责成中国科学院语言研究所和中央人民政府民族事务委员会审慎研究，然后拟订计划和订出在一两个民族中逐步试行。并应继续了解情况，及时总结经验，以便在事实证明这些办法确实可行，而且其他条件也比较成熟时，逐渐地在别的民族中进行。”

1955 年 12 月 6 日～15 日，在党中央和国务院的亲切关怀下，在北京举行了首届民族语文科学讨论会，吴玉章、胡乔木、刘格平、刘春、张稼夫、潘梓年等到会讲话，各地的民族语文工作者和专家学者近百人出席了此次会议。会议学习并讨论了中央关于少数民族语言文字工作的指示，交流了民族语文工作的情况和经验，交换了如何帮助少数民族创立、改进和改革文字的意见，初步制定了少数民族语文工作的十二年远景规划和第一个五年计划。计划规定，在从 1956 年开始的两三年时间内，要普遍调查我国的少数民族语言，并帮助那些需要创制和改进文字的民族完成文字方案的设计工作。从此，中国少数民族语言文字的调查研究，进入了一个黄金时期。

二、少数民族语言普查的经过

为了完成上述任务，从 1956 年起，全国性的少数民族语言普查工作正式展开。

1956 年，中国科学院成立了少数民族语言研究所，该所的主要任务就是要在 1956～1957 年两年内普遍调查少数民族语言，帮助那些需要创立和改革文字的民族进行文字方案的设计工作。

1956 年 2 月，在中央民族学院举办了 400 多人参加的语言调查训练班。训练班分甲班和乙班，甲班是中央民族学院语文系的应届毕业生，乙班是从全国各地抽调来的有较高文化水平的少数民族干部。在训练班上，老一辈民族语言学家傅懋勣、马学良、罗季光、金鹏、喻世长、王辅世、李森等轮流讲授少数民族语言调查的理论和方法，对普及这一领域的知识起到十分重要的作用。乙班的学员除了听训练班的讲座外，还专门由有经验的老师分别开设语言学、语音学、语言调查实习等课程，系统讲授与语言调查有直接关系的课程，使这些少数民族出身的工农干部在以后的语言调查中发挥了重要作用。一年后，在西南民族学院也举办了同样性质的语言调查训练班，不过规模比北京要小，仅有 40 多人参加培训。

为了做好民族语言的普查和民族文字方案的设计工作，并获得苏联方面的经验，中国科学院聘请了苏联顾问。苏方派遣教育科学院通信院士、东方学研究所的格·谢尔久琴柯教授来华，传授苏联为少数民族创制文字的工作经验。谢尔久琴柯于 1954 年 10 月到达北京，任中国科学院语言研究所和中央民族学院顾问，并于 1954 年冬至 1955 年春在中央民族学院为中国科学院语言研究所的研究人员、中央民族学院和北京大学的教师和研究生讲授了《苏联各民族文字创制史简明教程》。由于参加听课的都是后来语言调查工作队的骨干，所以谢尔久琴柯的学术观点和方法，对 20 世纪 50 年代的民族语言普查和少数民族文字的创制工作产生了一定的影响。

由少数民族语言研究所牵头，同时动员各地语言工作者及民族学院的一部分力量，由 700 多人组成的 7 个工作队去各地进行调查研究。7 个工作队里第一、第二两个队的调查研究工作与贵州有关。第一工作队负责调查研究壮、布依、侬、沙（侬、沙后来合并于壮）、侗、水家（现在称水）、黎及其他亲属关系相近的语言。队长是袁家骅，副队长是喻世长、王均等，队部设在南宁。由于工作的需要，第一工作队后来又分出两个分队：海南分队和贵州分队，贵州分队负责布依、侗、水家语的调查研究。1956年确定了壮文方案，并对布依、侬、沙能否使用壮文提出科学论证，以便形成决定。侗、水家、黎语言的调查，为1957年提出文字方案作了准备工作。第二工作队负责调查研究苗、瑶及其他亲属关系相近的语言。队长是马学良，副队长是王辅世等，队部设在贵阳。于1956年提出了苗族文字方案。瑶族方言的调查，为1958年提出瑶族文字方案作了准备工作。①各工作队成立以后，就着手拟订具体的工作计划，在原有工作经验的基础上，编制了一些主要语言的词汇调查大纲和语法调查大纲，配备了调查设备，并分别于1956年5～6月份分赴各调查点开始调查。

此次大规模的少数民族语言调查，从1956年开始，到1958年大体结束。它是贯彻党的民族政策，特别是党的民族语文政策的一次大行动，足以载入贵州少数民族语文工作史册。

三、少数民族语言普查对贵州民族语文工作的贡献

我国开展少数民族语言大调查是史无前例的，取得的收获也是史无前例的。对贵州民族语言文字工作来说，它主要有以下几个方面的贡献：

1．摸清了贵州境内布依语、侗语、水家语、苗语、瑶语的分布地区、使用人口和使用状况、与周围民族语言的关系等。调查队到达当地，首先要了解语言使用的一般情况，召开各种类型的座谈会，征求本民族各界各类代表人物的意见，查阅文献资料和当地的各类档案资料，进行面上的调查研究。因此，调查队首先取得的是调查对象或当地的人文、历史、社会、宗教、传说、人口分布、语言使用等方面的基本资料。这些背景资料对日后开展的语言结构调查研究和文字方案的设计非常有帮助。

2．对一个民族（如瑶族）使用两种以上语言的情况有了比较具体的了解。对布依语、侗语、水家语、苗语、瑶语提出了划分方言土语的意见，并且作了初步论证，写出了调查报告。

3．布依语、侗语、水家语、苗语、瑶语的每个调查点都记录了数千个常用词，一系列语法例句，然后整理出音位系统，有的点还记录了相当丰富的长篇故事。这些资料成了日后研究贵州少数民族语言的宝贵财富。

4．了解了贵州境内布依族、侗族、水家、苗族、瑶族使用文字的情况。主要考察相关语言原来是否有文字、语言和文字的关系怎样、文字和口语是否脱节，对无文字的民族，了解本民族对文字的意见，一些需要创制文字的民族，在对方言土语进行初步比较的基础上，提出划分方言土语的初步意见，对基础方言和标准音进行了初步论证，然后再深入调查研究

① 第三工作队负责调查研究傣、傈僳、景颇、拉祜、哈尼、佧佤（现在称佤）、民家（现在称白）、纳西、独龙、阿昌、布朗、绷龙（现在称德昂）族语言，队长是罗季光，副队长是常竑恩等，队部设在昆明；第四工作队于1956年补充调查研究各省彝语方言，确定新彝文方案，并对土家文字问题提出初步意见，队长是陈世林，副队长是孔宪庭等，队部设在成都；第五队调查研究蒙古、达斡尔、东乡、土族、保安等语言，队长是清格尔泰，副队长是那顺巴雅尔等，队部设在呼和浩特；第六队负责调查研究维吾尔、哈萨克、柯尔克孜、乌孜别克、塔塔尔、塔吉克等语言，队长是铁依普江，副队长是李森等，队部设在乌鲁木齐；第七队负责调查研究藏、羌、嘉绒、西番（现在称普米）等语言，队长是于道泉，副队长是金鹏等，队部设在北京。

基础方言和标准音，在此基础上对需要创制文字的语言进行文字方案的初步设计。

5. 为布依、侗、苗、彝等民族设计了拉丁字母形式的拼音文字方案。与此同时，多次召开民族语言文字科学讨论会，征求本民族和社会各界对文字方案的意见。

第二节　苗族、布依族、侗族文字的创制与试验推行

一、20世纪50年代贵州新创（改革）4种苗族文字

1952年，中国科学院语言研究所和中央民族学院派工作组到贵州对苗语进行初步调查，为全面调查苗语和制定苗文文字方案做准备。1956年6月～9月，由中国科学院和中央民族学院组成的少数民族语言调查第二工作队对全国6个省、70多个县的苗语进行了全面调查。1956年11月，苗族语文科学讨论会在贵阳召开。来自云南、贵州、四川、湖南、广西壮族自治区等省（区）的代表根据苗语的使用和分布特征，提出并通过了以中部方言的北部次方言为基础方言、以贵州省炉山县凯里区挂丁养蒿（今凯里市三棵树镇）话为标准音的《苗族（中部方言）文字方案（草案）》，即黔东方言苗文；以西部方言的第一次方言为基础方言、以贵州省毕节县先进乡（今毕节市燕子口镇）话为标准音的《苗族（西部方言）文字方案（草案）》，即川黔滇方言苗文；以东部方言的西部次方言为基础方言、以湖南省花垣县吉卫乡话为标准音的《苗族（东部方言）文字方案（草案）》，即湘西方言苗文；以滇东北方言整个方言为基础方言、以贵州省威宁县石门坎话为标准音的《苗族（北部方言）文字方案（草案）》，即滇东北方言苗文（滇东北方言苗文系文字改革方案）4种文字方案。1957年，苗族4种文字方案经中央民族事务委员会批准后试验推行。

1958年1月，针对文字在试验推行中所暴露出来的缺点，本着“各民族创造或者改革文字的时候，原则上应该以拉丁字母为基础，并且应该在字母读音和用法上尽量跟汉语拼音文字取得一致”的原则，贵州省民族语文指导委员会和中国科学院少数民族语言调查第二工作队联合召集贵州、云南和在贵州工作的四川省苗语工作者召开了苗文方案修改讨论会。湖南省在会前也提交了书面修改意见。会上就苗文方案的修改问题达成了共识。会后，贵州省民族语文指导委员会和国家少数民族语言调查队第二工作队根据讨论会的决议，拟定了苗语各方言文字方案修正草案，对原方案进行修改。随后，经过再三广泛地征求意见，同年5月中旬，由中国科学院少数民族语言研究所向中央民族事务委员会呈报了《关于审查苗语四种文字方案修正草案的报告》。修订后的四种苗文都是以26个拉丁字母为字母的拼音文字。其中，黔东苗文声母32个，韵母26个，声调8个；川黔滇苗文声母26个，韵母28个，声调8个；滇东北苗文声母55个，韵母21个，声调8个；湘西苗文声母48个，韵母35个，声调6个。

通常贵州苗族文字主要是指黔东苗族方言文字和川黔滇苗族方言文字。因此，下文再对这两种文字的创制、修订、试验推行的全过程作详细介绍。

二、黔东苗族方言文字的创制与试验推行

1950 年 11 月，在北京学习的苗族青年吴涤平（今旦）、潘光成、隆和德、张树昌和部昌发 5 人，在“中国文字改革协会”主任吴玉章和西南民族事务委员会副主任梁聚伍的关怀指导下，经过 4 个月的学习研究，拟订了一套《苗语拉丁化学习草案（黔东区）》。该草案以苗语黔东方言台江话为依据，内容包括：（1）字母表，（2）声母 31 个，（3）单韵母 5 个，（4）复合韵母 13 个，（5）鼻韵母 7 个，（6）变音，（7）音节的构成，（8）界音法。1951 年 5 月该草案由中央民族事务委员会帮助油印成册，作为最早的苗文农民识字课本，在 20 世纪 50 年代初期的苗文学习中发挥过积极的作用。

1. 黔东苗文方案的创制（1956 年）

现行黔东苗文方案初创时叫《苗族（中部方言）文字方案（草案）》，是由中国科学院少数民族语言调查第二工作队拟订的。该方案拟订的基本原则是：在字母形式上尽可能跟汉语拼音方案取得一致；用相同的字母表达相同或相近的音，以便苗族和汉族之间能相互学习；在可能的范围内，字母形式尽量跟苗族其他 3 种文字取得一致，以便互相学习，还可为将来苗文的统一创造条件；音节结构音素化，拉丁字母不够用时，可用双字母俄文字母或国际音标来补充；声调一律采用字母形式表示，置于音节末尾。

该方案以苗语黔东方言的北部次方言（今称北部土语）为基础方言，以贵州省炉山县（今称凯里市）养蒿村语音为标准音，兼用拉丁字母和国际音标来表示声母、韵母、声调。

1956 年 11 月在贵阳召开“苗族语言文字问题科学讨论会”，初步通过了《苗族（中部方言）文字方案（草案）》。与会代表对该方案的字母提出了一些修改意见，希望第二工作队进一步修改原方案，然后送交省政府报请中央批准。

2. 黔东苗文第一次修订（1956～1957 年）

科学讨论会结束后，第二工作队根据代表们的意见，对原文字方案进行讨论和修正，草拟出黔东苗文的修正方案。

修正方案跟原方案相比，在体例、字母和拼写法上均做了适当调整和修正。在字母和拼写法方面的较大改动主要表现为：

（1）用拉丁字母取代非拉丁字母，如：用eu代替ə，用ae代替m̥，用n代替ŋ，用x代替ʔ，用r代替ɤ。

（2）用h加i介音的方法（当韵母是i时就用h）表示[x]音位。

（3）用ɴ表示ŋ的大写字母。

（4）清擦送气音改用在清擦音后加 x 而不是加h的方法表示。

（5）取消多余的ʑ字母。

（6）拼写汉语借词时，用rh代表汉语的r，实际读音是[z]。

（7）取消原方案的c、h、k、s这 4 个调号，改用b、x、d、l、q、r、g、f这 8 个字母作调号。

1957 年 6 月 10 日贵州省政协第 18 次常委会讨论了苗族文字方案（草案）。贵州省人民委员会将《苗族（东、中、西、北部方言）文字方案》上报中央民族事务委员会。同年 7

月，中央民族事务委员会下发了（57）民文萨字地 770/163 号关于《苗族文字方案可以实验推行》的批件。

3. 黔东苗文第二次修订（1958 年）

黔东苗文方案草案经中央民族事务委员会批准试验推行以后，半年多来的社会实践暴露出该草案的一些缺点，特别是在字母形式和使用方面跟汉语拼音方案有许多不一致的地方。为了及时改正草案的缺点，本着"各民族创造或者改革文字的时候，原则上应该以拉丁字母为基础，并且应该在字母的读音和用法上尽量跟汉语拼音文字取得一致"的原则，贵州省民族语文指导委员会和中国科学院少数民族语言调查第二工作队于 1958 年 1 月下旬召集贵州省苗语工作人员讨论苗文方案的修改问题。云南、四川、湘西方面的有关人员也应邀出席。根据讨论会的决议，贵州省民族语文指导委员会和中国科学院少数民族语言调查工作队的同志对原方案再次进行修改。

跟第一次修订方案相比，这次修改的主要特点和内容是：

（1）取消第一次修订方案中的前言、音节和有关文字书写的几项规定（含连写规则）。

（2）取消所有非拉丁字母，完全实现字母拉丁化。

（3）汉语借词一律用汉语拼音方案按普通话拼写。

（4）为了跟其他苗文方案汇通，用hl代替lx，用dl代替hl，用v代替r。

（5）为了使清擦送气音的表示方法相一致，用hf代替fx，用hs代替sx，用hx代替sx（i）。

（6）为了跟汉语拼音方案取得一致，用w代替v，用j代替z（i），用q代替c（i），用x代替s（i），用g代替j，用ng代替ŋ，用gh代替q，用kh代替x，用e代替eu，用ai代替ae，用en代替eŋ，用ang代替aŋ，用ong代替uŋ。

（7）为了表音准确，用ei代替e。

（8）取消y和rh。

（9）更改部分调号，用t代替第 5 调的q，用s代替第 6 调的r，用k代替第 7 调的g。

（10）对于老的汉语借词，按标准音点苗族人说的当地汉语语音拼写，新的汉语借词则用汉语拼音方案按普通话拼写，不标声调符号。

4. 黔东苗文的试验推行

在 1956 年 11 月《黔东苗文方案（草案）》正式推出之前，贵州省就已经着手从事苗文专业人员的培训和苗文推行机构的筹建工作。

为了培养民族语文工作人员、翻译和教学人员，中央民族学院（今中央民族大学）语文系从 1951 年到 1953 年，每年都开设黔东苗语班，3 年累计培养 29 人。贵州民族学院从 1956 年下半年起，开始开办一年制的民族语文班（曾开设黔东苗文班），每期 100 人，前后共办了 2 期；1958 年秋又开办大学本科班，共培养了 300 多名民族语文工作骨干。

1956 年 10 月 5 日，贵州省少数民族语言文字工作指导委员会成立，副省长徐建生任主任委员，欧百川、马学良、杨汉先、陈永康、王林岗和吴近仁 6 人任副主任委员。委员会下设办公室、宣传推行科、研究室和贵州民族出版社。贵州民族出版社下设苗族、布依族、侗族等民族文字编译组。黔东南苗族侗族自治州、黔南布依族苗族自治州和贵阳市也相继成立民族语文指导委员会。在这些机构的推动和指导下，包括黔东苗文在内的贵州民族语文逐渐得到大规模地推行。师资培训、教材、读物的编写等各项工作都迅速开展起来。此后，各地编译出版了一批民族语文类农民识字课本、小学课本，以及民族语文与汉文对照辞典。贵州省语委研究室的苗语黔东方言组编写的苗文教材和词典有：《苗文农民识字课本》（1957年）、《干部课本》（1958 年）、《汉苗词汇对照手册》（中部方言）（1957 年）、《苗汉简明词典》（初稿）（1958 年）和《汉苗简明词典》（初稿）（黔东方言）（1962 年），这些课本和词典问世后，成为学习黔东苗文的主要读本和工具书。

1957 年 10 月省语委创办了《民族语文工作》，介绍省内外民族语文的工作经验，讨论有关学术问题。

1957 年 8 月黔东南民族语文学校和黔东南州民族语文工作指导委员会相继成立。黔东南民族语文学校先后开办两期苗语文专业学习班，培养了 190 多位苗语文工作干部和师资。

历史上第一个黔东苗文实验教学班是由贵州省语委会组建的苗族语文推行队于 1957 年 9 月 1 日在苗语黔东方言的标准音点——炉山县（今凯里市）杨蒿村开办的，学员有 60 人。

在省语委和黔东南州语委的指导下，1958 年全州掀起了学苗文、用苗文的热潮。凯里、雷山、台江、丹寨、黄平等县从中央民族学院、贵州民族学院以及黔东南民族语文学校毕业回县的学员，在县政府或县民族文字推行委员会的大力支持下，开办了第一期干部学习和农村扫盲苗文学习班 11 个，学员达 541 人。

第二期苗文学习班是 1958 年冬季至 1959 年春季举办的，共有凯里、雷山、台江、建和、丹寨、榕江、黄平和施秉 8 个县、24 个公社、32 个苗文学习班，学员有 1021 人。苗文教学的效果是很好的。据省语委李志芳、杨和昌同志 1958 年 6 月对台江县二中 3 个苗文班 192 人进行的测验，成绩及格的有 179 人，占测验总数的 93.1%，不及格的 3 人，占总人数的 6.9%（李志芳、杨和昌：《台江县第二中学苗文教学情况》。载《民族语文工作》1958 年第 6 期，第 12 页）。测验结果表明，苗语文教学取得了显著成绩。随着掌握苗语文人数的增多，苗语文的使用范围也开始扩大。1958 年镇远、台江等地逢年过节或喜庆日子，均可见到街上贴满了用苗文书写的庆祝节日或欢迎兄弟省派来的民族访问团的标语。雷山县的县报上也开始刊载用苗文写的文章。

省语委和省人民印刷公司于 1957 年 11 月 25 日～1958 年 2 月 8 日联合在贵阳举办了一个民族文字工人训练班，苗文班 19 人，除一人是苗族外，其余均为汉族。经过两个半月的学习，90%以上的学员掌握了黔东苗语文的字母形式和拼写规则，并能从事苗文排印工作。

1958 年 2 月 22 日～28 日，贵州省民族语文指导委员会组织了一次新词术语创借问题讨论会，与会代表对一年来黔东苗文等文种在编译工作中创制和借入的大批新词术语逐词进行分析，肯定哪些是适用的，指出哪些是不适用的，并对今后的借词原则达成共识。

贵州人民广播电台于 1957 年 11 月 11 日创办黔东苗语广播节目，每逢星期日播送一次，每次 15 分钟，面向苗族农民，以新闻节目为主，宣传党和政府的政策，报道农业生产情况和经验，介绍科学卫生知识和时事。

黔东苗文经中央民族事务委员会批准试验推行以后，贵州省各级政府特别是省、州、县各级民族语文工作指导委员会做了大量建设性的工作，苗语文的使用逐渐进入扫盲班、小学、中学、大学、新闻、出版、广播以及民间社会生活等诸多领域。1958 年苗文试行工作刚刚起步，由于“左”倾思想的干扰，这项深受苗族同胞欢迎的工作被迫中断。

三、川黔滇苗族方言文字（贵州部分）的创制与试验推行

1. 川黔滇苗文方案的创制

1956 年 11 月在贵阳召开了有中央和各省代表参加的“苗族语言文字问题科学讨论会”，讨论通过了包括川黔滇苗文方案草案（即西部方言方案草案）在内的 4 种苗文文字方案草案。当时川黔滇苗文方案草案的拟订原则主要包括。

（1）字母形式：苗语西部方言文字和东部、中部、北部方言文字在字母形式上尽最大限度取得一致，以相同的字母表达相同、相近或有对应关系的语音，字母形式也尽量与汉语拼音方案取得一致。

（2）借词拼写法：为了使借词服从同一个正字法规则，汉语借词和新借词均用苗语的音位系统拼写。

（3）文字适用地区：规定西部方言文字适用地区为四川省南部泸州、宜宾二专区，凉山彝族自治州，云南省东南部文珊、蒙自二专区，广西隆林各族自治县的苗族居住地区，贵州省遵义、毕节、安顺三专区及黔西南布依族苗族自治州，云南省东北部昭通专区的部分苗族地区。

（4）基础方言和标准音：西部方言文字以第一次方言（即川黔滇次方言第一土语）为基础方言，以贵州省毕节县（现为毕节市）先进乡（现为燕子口镇）大南山苗语为标准音。

（5）文字方案的推行办法：规定了推行先要在部分地区进行试验，经过修改以后再正式推行。

（6）音位处理原则：苗语音位比较多，拉丁字母不够用，所以有的音位用双字母表达，有个别音位用国际音标、俄文字母和新造字母表达。川黔滇苗文方案用了 26 个拉丁字母和国际音标ŋ。

1957 年 6 月贵州省人民委员会正式将川黔滇苗文方案草案（包括其他 3 种苗文文字方案草案）报送中央民族事务委员会审批。1957 年 7 月 29 日中央民族事务委员会复函贵州省人民委员会批准 4 种苗文方案试验推行。

2. 川黔滇苗文方案的修订

1958 年 1 月下旬，贵州省民族语文指导委员会和少数民族语言调查第二工作队，召集和邀请贵州、云南和在贵州工作的四川省苗语工作者举行苗文方案修改讨论会，湖南省在会前曾派人来贵阳进行协商并提出书面意见。会议就各苗文方案的修改问题基本上达成了一致的意见。根据讨论会的决议，会后对包括川黔滇苗文方案在内的 4 种苗文文字方案作了修改。同年 3 月，拟出包括《苗语西部方言文字方案修正草案》在内的各方言文字方案修正草案。同年 4 月 26 日，中国科学院少数民族语言研究所召开了有中央民族事务委员会、中国文字改革委员会、中国科学院语言研究所、少数民族语言研究所、中央民族学院以及在京苗文工作者参加的关于苗语 4 种方言文字方案修正草案座谈会。同年 5 月 10 日，中国科学院少数民族语言研究所向中央民族事务委员会提出《关于审查苗语四种方言文字方案修正草案的报告》，并附“苗语四种方言文字方案修正草案的说明”。修正草案对原文字方案（草案）的修正包括对 4 种苗文方案的共同修改和对每种方案的具体修改。

对川黔滇苗文方案（草案）的修改主要有：

（1）以j、q、x、y取代原草案的zj、cj、sj、j，表示[tɕ]、[tɕh]、[ɕ]、[ʑ]。

（2）以nj、nq取代原草案的nzj、ncj，表示[ȵtɕ]、[ȵtɕh]。

（3）取消nj、hnj两个声母，改用i介音加在n、hn后面的办法表示舌面音[ȵ]、[ȵ̥]。

（4）以ng取代原草案的ŋ，表示[ŋ]。

（5）以ngg取代原草案的ng，表示[ŋk]。

（6）以gh、kh取代原草案的q、x，表示小舌音[q]、[qh]。

（7）以ngh、nkh取代原草案的nq、nx，表示鼻冠小舌音[ɴq]、[ɴqh]。

（8）声母表中取消专拼现代汉语借词的声母w。

（9）韵母表中取消韵母in、ei、er、un、y、yn。

（10）以ai取代原草案的ae，表示[ai]。

（11）以ang取代原草案的aŋ，表示[ɑŋ]。

（12）以[ɛw]标注韵母eu的音。

（13）以a取代原草案的ua，并改以[ub]标注这个韵母的音。

（14）以ao取代原草案的au，表示[ɑu]。

（15）以ea取代原草案的a。

（16）以ong取代原草案的uŋ，表示[uŋ]。

以上川黔滇苗文方案修正的主要目的是：

（1）及时改正原草案的缺点，并尽可能使草案与汉语拼音方案在字母形式和使用方面取得一致。

（2）考虑尽量与滇东北苗文取得一致以及韵母eu在青少年中读音变异的趋势。

3. 川黔滇苗文方案的试验推行

从 1952 年起，中央民族学院先后开设了有苗、汉族参加学习的苗语班和专修班，培养苗语文干部。1957 年，中央民族事务委员会批准苗文试验推行后，为配合苗文的试行工作，1956 年 10 月～1959 年 8 月，贵州民族学院举办了 3 期苗文师资培训班，培训班的学员毕业后成为苗文推行工作的骨干力量。1957 年贵州省民族语文指导委员会从各地抽调人员进行苗汉词典、苗语语法和苗文课本的编写工作，紧接着在贵州省毕节地区创办了苗文学校，培养了一批苗语文干部，同时在标准音点大南山办起了“大南山苗文试点学校”，开始了苗文的试行工作。1957 年秋至 1958 年春，试点学校举办了有 300 多人参加的苗文成人扫盲班。1958 年由于反右斗争扩大化和反“地方民族主义”，苗文试行工作被迫停止。

四、布依族文字的创制与试验推行

1. 布依族文字的创制

1952～1953 年，中国科学院语言研究所派一个工作组对布依语作了初步调查。1956 年 6 月～8 月，中国科学院少数民族语言调查第一工作队在布依族干部的直接参与下对布依语进行了系统、普遍的调查。同年 11 月 4 日～7 日，在贵阳召开了布依族语文问题科学讨论会，会议听取了第一工作队关于布依语调查的汇报，通过了《布依族文字方案（草案）》，创制了布依族拼音文字。由于布依语与壮语北部方言非常接近，此次通过的方案采取布壮联盟的方针，联盟的具体原则是：

（1）布依文字母的形式和壮文一致。

（2）布依语和壮语同源的词，书写形式和壮文一样。

（3）在布依语里普遍性较大而在壮文中没有的词，可以在布依文中使用。

（4）现代汉语借词基本上按照布依语中的读法拼写。

（5）在布依族地区选择一个读音参考区。

方案选择了语音上接近壮语武鸣话的惠水县羊场话（今属龙里县）作为读音参考区。布依族文字方案有 33 个字母，其中 22 个是拉丁字母，另有 11 个是俄文字母、国际音标符号和新造字母。方案有声母 27 个，韵母 88 个，声调 8 个（第一、七、八调不标识）。1957 年 7 月，中央民族事务委员会批准布依族文字方案试验推行。

2. 布依族文字的修订

1958 年 6 月，贵州省民族语文指导委员会对《布依文方案（草案）》作了修订，取消了原方案中的非拉丁字母，改为使用 26 个拉丁字母，以壮语武鸣话为布依语的标准音，舒声调的 6 个调类全部标识，促声调的 2 个调类分别用p、t、k和b、d、g两套不同的韵尾来区别，现代汉语借词全部按《汉语拼音方案》拼写，形成了《布依文方案修正草案》。在这套方案里，声母增加到 31 个（其中 9 个只用于拼写现代汉语借词），韵母增加到 93 个（其中 15 个只用于拼写现代汉语借词）。但是，方案形成后还未来得及实施，布依文试行工作就被迫停止了，直到 1982 年重新恢复。

3. 布依族文字的试验推行

中央民族学院 1952 年、1953 年开设过布依语班，培养了两届学生，他们毕业后均从事布依语文的教学和科研工作，有些人还参加过 20 世纪 50 年代的布依语调查和布依文创制工作。这为布依文的试验推行作了人才准备。

《布依文方案（草案）》出台后，1957 年初开始由贵州省民族语文指导委员会主持在黔南布依族苗族自治州试验推行，黔南州为此于同年 7 月设立了州民族语文指导委员会。同年 8 月，省人民委员会批准开办黔南、安顺两所民族语文学校，培训布依文教师，并在惠水县羊场进行扫盲试点。贵州民族出版社先后出版了《布依文干部读本》《布依文农村读本》和《布依汉简明词典》《汉布依简明词典》。1958 年，布依文试行工作全面展开。在 1957、1958 两年里，仅黔南州就培训布依文教师 604 人，开办扫盲点 144 个，有 4000 多人参加布依文学习，其中 1000 多人掌握了布依文。20 世纪 50 年代，贵州省人民广播电台曾用布依语播出新闻节目，每周一次，每次 15 分钟。1958 年底以后，试行工作中断，但这段时间的试行，在布依族干部群众中产生了很大影响，为后来的恢复试行工作培养了骨干。

五、侗族文字的创制与试验推行

1. 侗族文字的创制

1956 年 12 月，由中国科学院少数民族语言研究所、中央民族学院、中南民族学院和贵州民族学院共同组成的中国科学院少数民族语言调查第一工作队侗语工作组，对贵州、湖南、广西三省（区）14 个侗族聚居的县进行了广泛深入的调查研究后，把侗语划分为南、北两个方言，每个方言又各分 3 个土语，并设计了以南部方言为基础方言，以贵州榕江县车江乡章鲁语音为标准音的侗文方案初稿。1957 年 9 月，贵州省民族语文指导委员会邀请湖南、广西、贵州三省（区）侗族代表在贵阳召开了“侗族语言文字科学讨论会”预备会议。1958 年 8 月 18 日～23 日，贵州省人民委员会受中央民族事务委员会的委托组织三省（区）侗族代表和侗文设计专家召开了“侗族语言文字科学讨论会”。会议讨论并通过了《侗文方案（草案）》。侗文方案完全采用拉丁字母，与汉语普通话相同或相近的音都用汉语拼音方案里相当的字母表示。字母表的排列与汉语拼音方案相同。这套方案以 26 个拉丁字母为基础，是由 32 个声母、64 个韵母和 9 个声调组成的表音文字。

1958 年 12 月 31 日，《侗文方案（草案）》经中央民族事务委员会批准试验推行。

2. 侗族文字的修订

侗文方案比较完善，只是在实际使用过程中，侗文工作者将原来的以词为书写单位，改为以音节为书写单位；将原来规定的现代汉语新借词不标调，改为按当地汉语的实际读音标上侗语声调。经过试行，证明这样的改动更便于群众学习和使用。

3. 侗族文字的试验推行

侗文创立之前，就开始了侗语干部的培训工作。1953 年，中央民族学院开设了侗语班，学生 14 人，他们曾参加少数民族社会历史调查工作队，其中一些人后来成为侗语教学、科研的骨干力量。1956 年，从贵州民族学院和中南民族学院选送了 10 名侗族学生到中央民族学院侗语班培训。中央民族学院 1963 年曾招收过 1 个侗语文专业本科班，学生 5 人；1967 年招收水侗语专业 1 个本科班，学生 14 人。

1958 年《侗文方案（草案）》正式批准试验推行以后，当即在侗语南部方言的第一土语区榕江县车江进行第一次试验推行。经过 3 个多月 129 个课时的试验，初步证明该方案是可行的，深受广大侗族群众的欢迎。

此后，侗文即开始了试行工作。1958 年黔东南苗族侗族自治州成立民族语文指导委员会，并建立民族语文学校。民族语文学校先后在榕江县开办两期湘、黔、桂三省（区）侗文师资培训班，共培训侗文师资 90 人。这些老师随即在榕江车江、黎平茅贡等地进行侗文扫盲试点，在部分民族小学开展双语教学实验。20 世纪 50 年代全州扫盲教材使用的是《侗语课本》《侗文拼音读本》。1959 年，贵州民族出版社出版了《侗汉简明词典》《农民侗文识字课本》《干部侗文识字课本》。1961 年，该社还出版了《汉侗简明词典》《侗语方言调查》以及一些科普和通俗文学读物。后来由于“左”的干扰，试行工作中断。这是侗文试行的第一阶段。

第三节　民族自治政权及民族中小学、中高等院校的建立

一、自治县、自治州、民族乡的建立

中华人民共和国成立以后，颁布了《中国人民政治协商会议共同纲领》。纲领规定："各少数民族聚居的地区，应实行民族的区域自治，按照民族聚居的人口多少和区域大小，分别建立各种民族自治机关。"1950 年 12 月 9 日，贵州省人民政府发布《关于少数民族地区工作的指示》，指出："贵州少数民族的政权建设，基本上是个民族联合政府问题，在部分区、乡、村及个别县则是少数民族区域自治问题。""少数民族聚居地区，条件具备时应实行区域自治。"根据上述决定，贵州省实行民族区域自治工作分两步走：第一步，成立联合政府；第二步，成立区域地方自治。

到 1955 年，贵州省建成的自治县有：炉山苗族自治县、台江苗族自治县、雷山苗族自治县、丹寨苗族自治县、威宁彝族回族苗族自治县、惠水布依族苗族自治县、罗甸布依族苗族自治县。1956 年 9 月又建立松桃苗族自治县，1957 年 1 月建立三都水族自治县，1963 年 9 月建立镇宁布依族苗族自治县，1966 年 2 月建立紫云苗族布依族自治县、册亨布依族自治县、望谟布依族苗族自治县、安龙布依族苗族自治县、贞丰布依族苗族自治县。

1956 年 4 月，国务院通过《关于设置黔东南苗族侗族自治州和黔南布依族苗族自治州的决定》。同年 7 月、8 月，黔东南苗族侗族自治州和黔南布依族苗族自治州先后正式成立。

1953 年从江县建立平正壮族乡、洞塘壮族乡。1954 年以后建立的彝族乡或者彝族和其他民族联合的民族乡有：六盘水市的析溪、鸡场、四格、松河、坪地、淤泥、坪寨、双嘎、纸厂彝族乡，马场、普古、木果、勺米、玉舍彝族苗族乡，牛场、梭嘎、保基等苗族彝族乡，中寨、野钟等苗族彝族布依族乡，发耳、都格木、米箩布依族苗族彝族乡，南开、保华苗族彝族回族乡，鸡场、红岩布依族彝族苗族乡，龙场、花嘎苗族布依族彝族乡，落别布依族彝族苗族乡，旧场白族彝族苗族乡，日照彝族回族苗族乡，杨梅彝族苗族回族乡，新街彝族苗族布依族乡，营盘苗族彝族白族乡；黔西南布依族苗族自治州的三宝彝族乡；安顺地区的坪上苗族彝族布依族乡；毕节地区的田坎、大屯、白纳、沙厂、珠市、双坪彝族乡，团结、花溪、定新、协和等彝族苗族乡，阿市、中建、铁石等苗族彝族乡，千溪、阴底、三元等彝族苗族白族乡，沙井、星宿、箐门苗族彝族仡佬族乡，金波、安洛、新化苗族满族彝族乡，大水、大田彝族苗族布依族乡，金龙、鸡场苗族彝族布依族乡，安乐彝族仡佬族乡，凤山彝族蒙古族乡，核桃彝族白族乡，可乐彝族满族乡，钟山布依族彝族乡，绿化白族彝族乡，响水白族彝族仡佬族乡，黄泥彝族苗族满族乡，茶店布依族苗族彝族乡，昆寨苗族彝族白族乡，兴苗苗族彝族回族乡，松林坡白族彝族苗族乡。1956 年荔波县建立瑶山瑶族乡、瑶麓瑶族乡。据统计，1955～1957 年全省建立和改建的民族乡有 146 个。

民族区域自治的实施，为少数民族地区的全面发展创造了条件。它实现了各少数民族人民群众当家做主、管理本民族内部事务的愿望，使他们能够直接参与管理国家大事。各少数民族的优良传统、风俗习惯得到尊重。自治机关根据宪法赋予的权利，结合本民族、本地区的特点，因地制宜地采取切合实际的步骤和方法，使民族经济、文化得到更好的发展。反映

在民族语言文字的使用和推广上，自治地方除使用汉语汉文外，同时使用自治地方主体民族语言，各级人民法院、人民检察院在受理案件时允许当事人使用本民族语言进行诉讼，自治地方在新闻、出版、广播、电影、文学艺术方面都可以使用本民族语言文字。

二、民族中小学、中高等院校的建立

中华人民共和国成立后，在接管和改造旧有学校的基础上，采取有关政策和措施迅速发展少数民族教育，其主要办法是建立民族中小学校、民族高等院校。1951 年，贵州省在苗族聚居区开办 2 所民族小学，总计 89 个班；在侗族聚居区先后开办 10 余所民族小学。这些民族小学普遍施行民汉双语教学。1951 年上半年贵州省成立第一个民族中学——惠水民族中学，同年下半年建立黄平民族中学、炉山民族中学；1952 年又增加雷山民族中学、台江民族中学、从江民族中学 3 所，并将镇宁、关岭、丹寨、石门坎 4 所中学改为民族中学。中华人民共和国成立以后，侗族地区先后建立了从江县民族中学、天柱县民族中学、剑河县民族中学、黎平县水口民族中学。除办民族中学外，还在普通中学附设民族班，招收少数民族学生。据统计，到 1958 年贵州全省有民族小学 1758 所，民族中学 33 所。

1951 年贵州民族学院建立，1952 年贵阳师范学校设置 5 个民族师范班，在镇远开办民族师范师资训练班，1953 年成立贵阳民族师范学校。继后，又建立了凯里民族师范学校、黔东南黎平民族师范学校、黔东南天柱民族师范学校、黔东南榕江民族师范学校等。

当时的民族中小学，特别是民族小学都必须采用双语教学模式，才能达到教学效果。民族中高等院校大都设置有少数民族语文专业。这些都有利于少数民族语言文字的推广和发展，增强了少数民族学生使用本民族语言文字的自觉性和自豪感。

第四章　贵州民族语文工作徘徊期（1959～1979）

第一节　“大跃进”时期的民族语文工作

贵州苗、布依、侗族文字的创制，使这些民族摆脱了历史上没有文字的痛苦，广大少数民族群众非常热爱自己的文字，学习文字和科学知识的积极性空前高涨。1958 年以后，根据中共贵州省委和各级党委的指示，全省开展了整风运动和反右派斗争。在全国普遍开展“大跃进”运动的背景下，虽然民族语文工作出现了“左”的苗头，一些人认为各民族即将走向融合，少数民族语言可以直接向汉语“过渡”，但是全省的民族语文工作受到的影响并不大。而且为适应当时形势需求，还提出民族语文工作也要实现“大跃进”，因此全省学习民族文字的热潮并没有消退。

1958 年 5 月，中国共产党第八次全国代表大会通过了“鼓足干劲、力争上游、多快好省地建设社会主义”的总路线。贵州民族地区和全国一样，从 1958 年开始到 1960 年是“大跃进”的三年，全省各地上上下下，展开“全民大炼钢铁”的群众运动。在这样的历史背景下，贵州的民族语文工作仍然有条不紊地在开展。为了配合苗文、布依文的推行工作，1958 年 1 月 8 日成立了贵州民族出版社，下设总编办公室、黔东方言文字编译组、川黔滇方言文字编译组、湘西方言文字编译组、布依族语文编译组、侗族语文编译组、美术编辑组、出版组和办公室，负责新创制的文字的出版工作。在这一段时间，出版了《苗文农民识字课本》《苗文干部课本》《苗汉词汇对照手册》《苗汉简明词典》《汉苗简明词典》《布依文干部读本》《布依文农村读本》《布依汉简明词典》《汉布依简明词典》《侗汉简明词典》《农民侗文识字课本》《干部侗文识字课本》《侗语方言调查》等。这些各语种的教材和读物，为民族文字的推广起到了很好的促进作用。

而此时，各地的民族语文推行工作也在进行着。1958 年 4 月，刚成立的麻江县苗族布依族语文学校开学，招收了第一批苗语、布依语学生共 200 名，其中，苗语 140 人，布依语 60 人。这些学员学成后，回到原处担任民族语文的推行工作任务。

根据 1951 年 2 月 5 日政务院批复的《关于民族事务的几项决定》中关于帮助没有文字的少数民族创立文字的精神，中央民族事务委员会组织中国科学院和中央民族学院等单位的人员对侗族语言进行调查研究，在此基础上为侗族创制了新文字。1958 年 8 月 18 日～23 日在贵阳召开了侗族语言文字问题科学讨论会，来自湖南、广西、贵州的侗族代表和中国科学院、四川、云南等地从事民族语文工作的代表出席了这次研讨会。经过讨论，《侗文方案（草案）》在会上表决通过。同年 9 月 2 日，《侗文方案（草案）》在贵州省人民委员会第四十二次会议上通过。同年 12 月，《侗文方案（草案）》经国家民族事务委员会批准试验推行。

在此期间，已经创制的苗文、布依文的试验工作取得了骄人的成绩。在贵州省少数民族语言文字工作指导委员会和黔东南苗族侗族自治州少数民族语言文字工作指导委员会的指导下，黔东南苗族侗族自治州掀起了学习苗文的热潮，在各方面的大力支持和帮助下，共办起了农村苗文扫盲班 11 个，学员 541 人。1958 年冬季到 1959 年春，又举办了 23 期苗文培训班，学员达 1021 人。苗文的推行工作取得了很大的进展。

布依文的试验工作也得到了全面的展开，在 1957 年和 1958 年，仅黔南就培养了布依文教师 604 人，开办了农村扫盲班 144 个，学习人数达 4000 多人。民族文字的推行工作取得了很好的成绩。

随着苗文、布依文推广成绩的取得，1958 年 8 月在贵阳召开了侗族语言文字科学讨论会，来自湖南、广西、贵州三省区的代表出席了会议。代表们听取了《关于侗族的语言情况和文字问题》和《关于侗文方案（草案）的说明》的报告。在代表们的建议下，制定了侗文方案，并报国家民族事务委员会批准推行试验。

为了培养适应于新形式民族语文工作人才的需要，民族语文开始进入了高等学校，列入了国家的招生计划，贵州民族学院开设民族语言文学专业，设置苗语、布依语、侗语 3 个本科专业，并开始招生。

然而，随着教育也要加快步伐“跃进”，1959 年以后，由于受极“左”错误思潮的干扰和破坏，从反右斗争到“反地方民族主义”，不少民族文字工作的骨干被打成“右派”或者“地方民族主义分子”，贵州民族学院与贵州大学合并，民族语文专业转入贵州大学中文系，各地的民族语文学校有的被合并，有的被撤销。民族语文教育机构从此成为了历史。

1960 年，省委统战部召开了省民委、省民族语文指导委员会、省民研所等 10 余个单位的座谈会，传达了李维汉《关于民族工作的讲话》。1962 年 7 月，省教育厅根据教育部的要求，向各地、州（市）发出了《关于汇报少数民族教育工作状况的通知》，要求各地教育局收集少数民族教育发展状况、语言问题、教材问题、师资问题、学校教育中贯彻执行民族政策情况及其他情况和意见，以便送教育部研究民族教育工作。此时的民族语文工作基本上处于一种发展的状态（即使发展不像前段时间那样猛烈）。例如 1963 年 7 月 10 日《中共贵州省委批转教育厅党组关于全省教育工作情况的报告和有关几个问题的请示》曾指出：“我省民族教育事业，在省委的正确领导下，取得了很大的成绩。但是，由于各地区的经济条件、文化教育基础不同，民族教育的发展，在县与县之间，一县内的区与区之间，以致公社与公社之间都极不平衡。……民族教育能否与当地群众的生活实际密切结合，是一个关系到学校办得起来办不起来和办得好办不好的根本问题。因此，民族小学的教学内容要适合群众的需要，要加强应用文、珠算、簿记等的教学，对学生学习和参加生产劳动，应根据当地群众的要求妥善安排。在民族小学的低年级中，要用少数民族语言进行辅助教学。”这说明了当时的教育主管部门还是充分认识到双语教育的重要性和民族语文工作的必要性。但是，由于主客观因素的影响，贵州的民族语文推行工作正在由鼎盛时期开始走向衰落，处于一个徘徊的阶段。

第二节　“文化大革命”时期的民族语文工作

“文化大革命”时期，民族语文工作遭受严重摧残，民族文字图书被当成“四旧”或烧毁，或送到纸厂化为纸浆。民族语文工作一落千丈。主要体现在一些方面。

1. 民族语文指导机构的撤销

在“文化大革命”时期，林彪、“四人帮”挥舞“文艺黑线专政”论，说“民族问题已经解决了，民族学校已经完成了使命”，不顾实际的需要，污蔑少数，胡说少数民族语言文字“无用、落后”。张春桥曾说：“有文字的蒙、藏、维、哈、朝先用着，别的不再提了。”在这种错误思想的影响下，除上面的 5 种文字外，其他少数民族文字的推行工作都被取消了，于是，作为民族语文指导工作的机构也相继被撤销，人员被分散，民族语文试行工作被迫终止。民族文字从高潮走向低谷。在贵州，1956 年 7 月刚成立的贵州省少数民族语言文字工作指导委员会才运行两年就被取消，随后，安顺专员公署民族文字推行委员会、黔东南苗族侗族自治州民族语文工作指导委员会、黔南布依族苗族自治州民族语文工作指导委员会等各地州的民族语文工作机构相继被撤销，贵州省苗、布、侗几种新创制的文字的推行工作被迫终止。

2. 民族语文出版工作从兴盛走向衰亡

中华人民共和国成立后，党和政府为帮助少数民族发展经济，提高文化，为苗族、布依族、侗族创制了文字。根据推广和普及苗文、布依文和侗文的需要，于 1958 年成立了贵州民族出版社，社内设有黔东方言文字编译组、滇东北方言文字编译组、川黔滇方言文字编译组、湘西方言文字编译组、布依族语文编译组和侗族语文编译组。为了推行民族文字，出版有《苗文农民识字课本》《干部课本》《汉苗词汇对照手册》《苗汉简明词典》《汉苗简明词典》《布依文干部读本》《布依文农村读本》《布依汉简明词典》《汉布依简明词典》《侗汉简明词典》《农民侗文识字课本》《干部侗文识字课本》《汉侗简明词典》《侗语方言调查》等。这些扫盲课本、教材及工具书的编辑出版，对当时推行民族文字起到了很好的促进作用。1958 年以后，由于“左”的路线的干扰破坏，贵州民族出版社被迫撤销，人员有的被分流，有的被合并，民族文字的出版业务被迫中断，原来出版的民族文字书籍有的被烧毁，有的被化为纸浆。民族文字的出版自行终止。

3. 招收民族文字的学校被取消或合并

为了培养贵州的少数民族干部，适应少数民族地区政治、经济、文化发展的需要，根据 1950 年 11 月中央人民政府政务院批准的《培养少数民族干部试行方案》的规定，结合贵州省的实际情况，贵州省制定了《1953 年贵州省民族教育业务计划草案》，该草案提出：民族教育工作要“坚持革命精神和慎重稳进的方针，采取民族形式，照顾民族特点，以实现和发展新民主主义的文化教育的内容，达到培养少数民族干部和提高少数民族人民群众的文化水平的目的”。根据这一精神，于 1951 年创办的贵州民族学院除开办的民族政策研究班和在职民族干部轮训班外，1956 年以后，根据新的形式，逐步向高等学校过渡，为配合贵州新创文字的推行工作，于 1958 年开办了民族语文系，设有苗语、布依语、侗语等专业，学生大都来自贵州及相邻的湖南、云南、广西等省区，培养了一批民族语文工作者。后来，由于“左”的影响，1959 年秋，贵州民族学院被撤销，并入贵州大学，民族语文系并入中文系，民族语文高层次人才的培养工作自行停止。

随后，黔东南、黔南、安顺、毕节、遵义等地、州的民族语文学校也相继被撤销，民族语文工作面临空前的厄运。

4. 一批民族语文工作者或转行，或被批斗

“文化大革命”开始以后，一大批从事民族语文工作的人有的被迫转行做其他的工作，有的被当做“地方民族主义”和“牛鬼蛇神”被批斗，下放到农场或“五七干校”劳动，从根本上忽视了民族的特征，也是对马克思主义民族观的践踏。此次运动，不仅影响了民族语文的推行工作，对民族语言的研究也产生了重大影响，使贵州的民族语文推行工作和民族语言研究工作长期处于落后状态。

“文化大革命”中，彻底否定了中华人民共和国成立以来民族教育方针、政策，忽视了民族教育的特殊性，把一套极“左”的不符合民族地区教育教学规律的做法强行在民族地区推行，造成了极为严重的后果。主要表现为：

（1）民族高等院校的合并及其他民族语文学校的撤销和停止招生，造成了民族语文人才的断层

1959 年贵州民族学院并入贵州大学以后，民族语文专业停止了招生，再加上其他各地州民族语文学校的撤销，使民族语文人才没有连续培养下去。一大批少数民族学生失去了学习的机会，误了一代人，国家也因此损失了一批民族语文的人才。

（2）对民族教育造成了极大的影响，使少数民族文盲重新复盲

“文化大革命”中，由于违背了实事求是的原则，盲目追求高指标、高速度，搞政治挂帅，鼓吹“民族问题已经解决了，民族学校已经完成了使命”，民族语言文字“无用、落后”“有文字的蒙、藏、维、哈、朝先用着，别的不再提了”的论调。在这种大环境下，贵州的民族语文工作一落千丈，民族教育受到很大影响，许多还未脱盲的少数民族青年由于受到语言障碍，不仅学不了汉文，就连自己的文字也没有学习的机会，青年未脱盲，少年文盲又开始出现，使少数民族地区的经济文化长期的处于落后状态。

（3）双语教学名存实亡

1963 年 7 月 10 日，中共贵州省委批转省教育厅党组《关于全省教育工作的报告和有关几个问题的请示》指出：“在民族小学的低年级中，要用少数民族语言进行辅助教学。各年级多要加强汉语训练，努力提高学生汉语的口头和书面表达能力。同时，还要注意加强教学的直观性，以利少数民族学生的学习。”这充分证明了党和政府及各级教育部门对双语教育的重视，已经看到利用少数民族语言文字进行双语教学是提高少数民族文化水平的捷径。但是，在“文化大革命”的影响下，民族文字被批判，民族地区的双语教育名存实亡。

第五章　贵州民族语文工作恢复发展期（1980～1996）

第一节　相关机构的恢复

粉碎“四人帮”后，特别是党的十一届三中全会召开以后，党和国家的民族政策得到了拨乱反正，民族语文重新受到重视。1979 年 4 月 25 日，乌兰夫同志《在全国边防工作会议上的报告》中指出：“一定要重视使用和发展少数民族的语言文字。这是体现民族平等的重要标志，也是党的一贯政策。”“少数民族干部和青少年要求学习本民族的语言文字，必须积极创造条件，大力支持。”1979 年 9 月 27 日，中共贵州省委批转了省委书记苗春亭同志《在全省民族工作座谈会的报告》（以下简称《报告》），《报告》提出：“各级党委组织部门和党校都要作出加强培养少数民族干部的计划，要办好民族学院，要以文教部门为主，研究出培养少数民族技术干部的计划。”《报告》还指出：“我省文教事业比较落后，少数民族聚居的边远山区就更落后”，“加速发展少数民族地区的文化建设，关键是发展教育事业。”并进一步强调：“为了提高少数民族学生入学率和升学率，减轻群众负担，国家要大大提高公办学校的比例，对民办学校也要给予更多的帮助。要恢复原有的民族中学、民族师范和民族小学，还要有计划地在少数民族聚居地区建立八年制的民族学校。在高寒山区，要给予重点照顾，逐步恢复一些寄宿的中、小学校。”《报告》还提出：“一定要重视使用和发展少数民族的语言文字。这是体现民族平等的重要标志，也是党的一贯政策。在党中央国务院的亲切关怀下，我省曾经帮助苗、布依、侗等民族创造了自己的民族文字，编写了词典、语法等工具书，并曾经在少数民族聚居的地方试验推行，后来没有推行了。今后是否继续推行，要尊重本民族群众的意见。要切实尊重少数民族使用自己的语言的自由和权利。自治地方召开会议，对不通汉语的少数民族代表，要为他们准备翻译。在少数民族比较集中而又不通汉语的边沿山区，要用民族语进行广播，在小学教育中要用民族语言辅助教学。要鼓励在民族地区工作的汉族干部学习少数民族语言。”《报告》把推行民族文字，搞好双语教学同培养民族干部联系起来，同《宪法》联系起来，同民族地区的实际联系起来，对民族教育起到了很好的导航作用。在这一精神的鼓舞下，我省的民族教育工作开始得到了恢复，特别是贵州的民族语文教育又重新获得了新生。

1980 年初，第三次全国民族语言科学讨论会在北京召开，会上批判了民族语文工作中的“左”倾错误思想，重申了党的民族语文政策，并宣布凡经过国务院和中央民族事务委员会批准的文字有效，应恢复试验推行。这次会议成了新时期民族语文工作的新起点。在会议精神的鼓舞下，贵州省苗族、布依族、侗族、彝族 4 个民族 7 种文字的推行工作在 1981 年秋恢复，并迅速得到全面的发展。

为了进一步贯彻党的民族政策和民族语文政策，1982 年，贵州省民族事务所委员会设立民族语文处，负责全省民族语文的推行、指导。1984 年，《中共贵州省委关于加强和改进民族工作的通知》指出："要根据少数民族群众的意愿，因地制宜地做好民族文字的推行工作。在不通汉语的少数民族聚居地方的民族小学，可进行运用民族文字开展双语教学的试点，也可用民族文字在成年人中扫盲。对掌握民族文字达到脱盲标准的，有关部门应与汉文脱盲同样对待。省民委内要设立民族文字推行机构。"根据民族语文发展的需要，结合有关文件的精神，民族语文处改为民族语文办公室，编制 10 人。其主要职能是：宣传贯彻并检查、监督民族语文政策、法规的执行，参与研究制定相应的地方性法规，从政策上宏观上指导全省民族语文的使用与发展；负责推动全省民族语文的规范化、标准化进程；组织编写、编译民族语文课本与读物；管理民族语文翻译工作，参与制定与组织实施民族语文翻译人员的职称评定；负责组织民族语文专业人员的培训；配合开展双语教学等等。随后，黔南、黔东南、凯里、雷山、台江等地、州、市、县也先后成立了民族语文科、室，有 27 个县（市）还成立了不占编制的民族语文工作领导小组，由分管民族工作的副县长或副书记任组长，加强对民族语文工作的指导。一大批 20 世纪 50 年代从事民族语文工作的同志也纷纷重新回到了民族语文工作的岗位。

1. 贵州民族出版社得到重新恢复

1981 年，国家民族事务委员会、国家新闻出版局《关于大力加强少数民族文字图书出版工作的报告》指出："我国是一个统一的多民族的社会主义国家，民族工作是我党长期的重要工作之一。民族出版工作是整个民族工作的一个重要组成部分，在四个现代化建设的新的历史时期，大力加强少数民族文字图书出版工作，对于全面贯彻落实党的民族政策，坚持四项基本原则，促进各民族之间的思想文化交流，加强民族团结，维护祖国统一，提高各民族的政治思想和科学文化水平，推进四化建设步伐，在提高各民族物质文明的同时，提高精神文明，逐步消除各民族间的事实上的不平等，都有重要的意义。"该报告进一步指出："要本着尊重少数民族在政治、文化上的平等权利和贯彻民族区域自治的精神，搞好出版社的工作。"根据文件精神和新形式民族语文工作的需要，1984 年 11 月 6 日，国家文化部以"文出字（1984）第 1876 号"文件正式批复同意恢复成立贵州民族出版社，社内设民族文字编辑室，负责苗、布、侗、彝 4 个语种 7 种文字的编译出版工作。民族出版机构的恢复，基本上满足了贵州少数民族文字推行工作的需要和双语教学的需要，出版了各语种的扫盲教材和双语教材，较好地解决了少数民族文字推行工作中的教材问题。

2. 民族普通高等学校、中等专业学校的恢复与招生，为民族语文工作培养了新的人才

1964 年，中共贵州省委、贵州省人民政府决定恢复贵州民族学院，并成立了筹备组。但"文化大革命"开始后，筹备工作被迫停止。1973 年，中共贵州省委和贵州省革命委员会再次决定恢复贵州民族学院，重新组建筹备组。1977 年，贵州民族学院借用原省委统战部政治学校的两栋房子作临时校舍，招收了第一届少数民族干部进修班，同年 9 月，参加了全国高等学校的统一招生。从 20 世纪 80 年代开始，由于贵州的民族语文工作蓬勃开展，急需大批的民族语文工作人员，1985 年，招收了第一届少数民族语言文学专业（包括苗、布依、侗、彝 4 个语种）学生，隶属中文系，后又从中文系分离出来，成立少数民族语言文学系。这些学生均来自少数民族地区，他们毕业以后，在不同的岗位作出了积极的贡献。

1980 年 10 月，根据中共贵州省委转发省委组织部《关于黔东南、黔南自治州建立民族干部学校的通知》的精神，将黔东南苗族侗族自治州民族干部学校更名为黔东南苗族侗族自治州民族行政管理学校，性质为中等专业学校，面向全省定点定向招生。校内设有行政管理和民族语文两个专业，民族语文专业招收苗语、侗语两个专业的学生。学校为民族语文工作输送一批合格的优秀毕业生。

1992 年，毕节地区师范学校根据地发（1992）32 号文件《关于加强全区民族工作的决定》的精神，自 1993 年 9 月起，设彝汉和苗汉两个语种的双语教学师资班，每一年招一班，到 1995 年已招了 3 个班。彝汉和苗汉双语师资班学生，均属定向招生，毕业以后大都回到原来的地方从事双语教学，为边远地区的教育作出了很大的贡献。由于这两个班的学生在招考方式上是先笔试民族语言文字，再加试民族语言，最后参加中考，择优录取。一时间，人们普遍意识到学习民族语言文字的作用，很多学生自觉地学习本民族自己的语言文字，把民族语言文字的学习推向一个新的高潮。

随着党的民族语言文字政策的进一步贯彻，各大中专院校为民族地区招收了一大批民族语文的学生，中央民族大学、贵州民族学院、黔东南苗族侗族自治州民族行政管理学校、毕节地区师范学校等与时俱进，培养一批又一批熟悉本民族语言文字的人才。他们有的成为了本民族语言文字的专家，有的成为了民族地区双语教学的骨干教师，有的成为了党政领导或工作在民族地区各行政部门的第一线干部工作人员。由于他们懂得自己的语言文字，又深谙自己的文化，在工作上有许多的方便，深受各级党委政府欢迎。

第二节　民族语文教学取得显著成绩

这一阶段民族语文教学工作取得的显著成绩主要有。

1. 运用民族语文扫盲，见效快，成果好

1920 年 10 月 2 日，列宁在《青年团的任务》一文中指出：“在一个文盲的国家内是不能建成共产主义社会的。”仅过一年，他又在《新经济政策和政治教育的任务》中指出：“至于第二个敌人——文盲，我们可以这样说：只要在我国存在文盲现象，那就很难谈得上政治教育。这并不是一个政治任务，这是一个条件，没有这个条件就谈不上政治。文盲是站在政治之外的，必须先教他们识字。不识字就不能有政治，不识字就只能有流言蜚语、偏见传闻，而没有政治。”中华人民共和国成立后，党和政府非常重视农民的扫盲工作，特别是少数民族农民的扫盲工作。为了能更好、更快地提高少数民族的文化水平，发展他们的经济，帮助他们创制了文字，并广泛的运用于扫盲工作。实践证明，这是一条少数民族迅速提高文化水平的有效途径。但由于“文化大革命”的影响，党的民族政策被破坏，民族教育事业遭到严重摧残，少数民族文字扫盲工作被迫停止，少数民族地区的文盲率又开始回升。1978 年 11 月国务院发出《关于扫除文盲的指示》，要求继续扫除农民中的文盲。1988 年 2 月 5 日国务院发布的《扫除文盲工作条例》第六条规定：“扫除文盲教学应当使用全国通用的普通话。在少数民族地区可以使用本民族语言文字教学，也可以使用当地各民族通用的语言文字教学。”第七条规定：“……用当地民族语言文字扫盲的地方，脱盲标准由省、自治区人民政府前款规定制定。”1984年5月31日，《中共贵州省委关于加强和改进民族工作的通知》指出：“……也可用民族文字在成年人中扫盲。对掌握民族文字达到脱盲标准的，有关部门应与汉文脱盲同样对待。”

20世纪50年代用民族文字在民族聚居村寨进行扫盲的实践证明，用少数民族文字对少数民族进行扫盲是提高少数民族文化水平的有效途径。党的十一届三中全会以后，运用少数民族文字进行扫盲工作被提到各级政府的重要议事日程。1982年5月，贵州省民族语言文字工作会议在贵阳举行，全面部署黔东方言苗文、湘西方言苗文、川黔滇方言苗文、滇东北方言苗文、布依文、侗文、彝文7种民族文字的推行工作。同年8月，贵州省民族事务委员会和贵州省教育委员会联合签发了《关于在民族学校进行民族语文实验的通知》，该通知提出：“为了迅速改变我省民族的落后面貌，促进物质文明和精神文明建设，要按中央一再指示，‘逐步建立适合少数民族特点的民族教育体系’的精神，改变过去‘一刀切’的做法，从民族地区的实际出发，采取特殊措施，改革民族教育，力争在中央规定的时间内基本实现我省民族地区初等教育的普及。”“为此，决定在有关学校进行民族语文的教学实验，以便总结经验，逐步推广。”根据上述的会议和通知精神，各地均采取不同的方式运用民族文字对农民进行扫盲，各扫盲点如同雨后春笋般铺遍贵州的各少数民族村寨，取得了很大的成绩。自1980年秋开始，先后在全省9个地（州）、市的57个县恢复少数民族文字的扫盲工作，虽然其间有的扫盲点因其他因素垮掉了，但到1994年底的15年间，全省的扫盲工作仍然取得了很大的成绩。据不完全统计，到1994年底，全省民族文字在农村的扫盲共计有3230个点（班），学员有178 969人，通过考试，达到脱盲标准的有156 508人，脱盲率为87.5%。他们通过学习自己的文字，能用自己本民族的文字记账、收集民间故事、进行文艺创作等等。

从苗文的扫盲工作看，黔东方言苗文从1981～1985年在黔东南苗族侗族自治州和黔南布依族苗族自治州开展苗文扫盲工作，累计有1591个扫盲点，其中黔东南苗族侗族自治州1568个，黔南布依族苗族自治州23个；扫盲班1984个，其中黔东南苗族侗族自治州1958个，黔南布依族苗族自治州26个；学员66 416人，其中黔东南苗族侗族自治州65 296人，黔南布依族苗族自治州1120人；经过考试，脱盲44 385人，其中黔东南苗族侗族自治州44 354人，黔南布依族苗族自治州1031人。

川黔滇方言苗文主要在毕节地区进行扫盲，1981年前大方县六寨的2000多苗族人口中，文盲占89.5%，苗文试行恢复后建立了扫盲点，以夜校或培训班的形式办起了扫盲班，到1985年文盲率降到了35.5%。据不完全统计，20世纪80年代有12 000人多次参加了苗文学习，有6000多人基本掌握了苗文。据有关人士估计，现已有10 000多苗族人掌握苗文，占毕节地区操川黔滇次方言人口的3.6%。掌握苗文的群众主动教不懂的群众，使懂得苗文的群众不断增多。

滇东北方言苗文主要在威宁彝族回族苗族自治县进行扫盲。众所周知，1905年英国传教士柏格理（Samuel Pollard）为传教的需要，在汉族传道员李斯提反和苗族知识分子杨雅各等人的协助下，运用苗族前辈整理的符号和拉丁字母，以石门坎为标准音点创造了拼音文字，并在川黔滇苗族地区推行。这种拼音文字称“柏格理苗文”或“石门坎苗文”，亦称“滇东北老苗文”。滇东北老苗文属自创符号与拉丁字母混合的拼音文字，每个音节有一个大字母和一个小字母组成，大字母为声母（共32个），构成文字的主体，小字母（共37个，除“，”以外）为韵母，写在大字母的上方、右上角或右侧、右下角，以小字母位置的高低来表示声调。老苗文主要适用于贵州省毕节地区、安顺市、六盘水市和云南省昭通地区、昆明市、楚雄彝族自治州等地操滇东北次方言的苗族。1956 年在创制其他 3 个方言的文字时，为了便于以后的统一，把老苗文改为拼音文字，并在苗族地区推广。据统计，1982～1983 年苗文普及达 53 个点，学员 6400 多人，占苗族总人口的 1.25%；1984～1985 年，共办了苗文业余夜校 51 个点，参加学习的学员达 3400 人，占苗族总人口数的 0.66%。经过考试，大部分都达到脱盲的标准。

湘西方言苗文的扫盲工作主要在我省的松桃苗族自治县开展，从 1982 年开始，松桃苗族自治县在全县的苗族村寨开办了苗文扫盲夜校 14 期，264 个班，学员 8765 人，经考试验收，合格的达 6217 人，合格率达到 86.49%。苗文的推行和普及，促进了苗族群众学科学、用科学活动的普遍开展，为逐步改善苗族的落后面貌发挥了积极的作用。

布依文的农村扫盲工作是 1982 年开始的。据相关的资料统计，黔南布依族苗族自治州自 1982 年到 1989 年这 8 年间共开办布依文扫盲点 89 个，班数 110 个，学员有 5330 人，经过考试，达到脱盲标准的有 4226 人，合格率达 79.29%。此外，在其他的一些地（州）也开展了布依文的农村扫盲工作。例如，望谟县 1982 年开始在复兴镇开设试点班，以培训教员为主。这些学员学习结束后，被分配到复兴镇的城关、平坝、赶赖，平绕乡的祥乐、平绕、东街，平洞乡的平洞、纳汗、坝算、纳朝等地开办了 16 个夜校扫盲班，学员达 611 人，1983 年，夜校扫盲班又增加了平卜、油迈、新屯、纳坝 4 个乡,3 期扫盲的学员达 1 528 人，经考试验收，80%的学员达到了脱盲标准。

侗文的农村扫盲工作主要在黔东南苗族侗族自治州的黎平、从江、榕江、剑河、锦平、天柱、镇远 8 个侗族聚居县展开，到 1995 年，全州先后开办了侗文扫盲班 857 个，学员 29 989 人，经过考试，达到脱盲标准的有 24 873 人，脱盲率为 82.9%。但从统计的数字看，1983～1987 年是侗文农村扫盲的高峰期，20 世纪 90 年代以后，由于经费困难及其他的一些原因（如认识上的原因等），侗文的农村扫盲点和扫盲人数逐渐减少。

彝文是一种古老的文字，但过去的彝文主要掌握在布摩的手中，一般平民不准学习彝文，如《夜郎史传》载："君令十四条，凡文字书契，经典与书籍，祭经和医术，各支史书等，全归呗耄管。平民和百姓，不得乱收藏，这样一来后，百姓没有书，无法识文字，凡是平民中，有书不交者，严惩不宽容。"这一律令，不仅影响了彝族人民文化素质的提高，而且也影响了彝文的推广。虽然自 1980 年以后，各民族都用自己文字在农村进行扫盲，并取得了较好的效果，但对用彝文在农村扫盲，从目前掌握的资料看，仅有六枝特区在 1983～1984 年开办过彝文扫盲班，学员 30 多人，后来，由于有些人对党的民族语文政策的贯彻落实做得不够，严重挫伤和打击了民族语文工作者的积极性，从而影响了民族语文工作的正常开展。

2. 双语教学成绩斐然

贵州是一个多民族的省份，据第五次全国人口普查统计，贵州共有汉、苗、布依、侗等 49 个民族成分，少数民族成分个数仅次于云南和新疆，居全国第三位。其中苗族、布依族、侗族、土家族、彝族、仡佬族、水族、回族、瑶族、白族、壮族、畲族、毛南族、蒙古族、仫佬族、满族、羌族为世代居住在贵州的少数民族。在这 17 个世居民族中，除了土家族、回族已经转用汉语外，其他的少数民族都还用自己的语言进行日常的交际。据调查统计，在 17 个世居的少数民族人口中，掌握本民族语言的有 698.2 万人，占总人口数 1317.92 万人的

52.98%；半掌握本民族语言的111.35万人，占总人口数的8.45%；不掌握本民族语言的508.37万人（主要是已经转用汉语的土家族、回族和迁来的蒙古族、满族），占总人口数的38.57%。由于聚居区的少数民族儿童从小就生活在本民族语言的环境里，少数民族在接受汉语教学时有一定的困难。针对这一实际，1980 年教育部、国家民族事务委员会在《关于加强民族教育工作的意见》中指出："发展民族中小学教育，一定要在教育体制、教学内容和教学方法等方面，适合少数民族的特点。最重要的是，凡有本民族语言文字的民族，应使用本民族的语言文字教学，学好本民族语文，同时兼学汉语汉文。为此，必须加强民族文字教材的编译出版工作。民族文字教材内容一定要注意民族特点和地区特点，要适应多种形式办学的实际需要。没有本民族文字而有独特语言的民族，也应以本民族语言辅助教学。其他如学制长短、学生入学年龄等，也要按照实际情况办事，采取灵活的办法。"1983 年，中共中央办公厅和国务院办公厅联合转发教育部《关于正确处理少数民族地区宗教干扰学校教育的意见》中明确指出："在有民族文字的民族中小学中，应尽快恢复民族语文教学，使学生首先学好本民族语文，并根据需要同时学好汉语文。"1991 年 10 月 20 日，国家教育委员会、国家民族事务委员会《关于加强民族教育工作若干问题的意见》指出："在使用民族语言文字教学的地区，要因地制宜地搞好双语教学。"1991 年，国家民族事务委员会《关于进一步做好少数民族语言文字工作的报告》中指出："第三，按照《中华人民共和国民族区域自治法》规定的精神，以招收少数民族为主的学校，有条件的应当采用少数民族文字的课本，并用少数民族语言授课，在适当年级增设汉语文课程，实行双语教学，推广全国通用的普通话。"1992 年 11 月 2 日，国家教育委员会《关于加强民族杂散居地区少数民族教育工作的意见》指出："采取有效措施，为少数民族子女入学创造条件……对要求学习本民族语言文字的，要积极创造条件进行双语教学。"从国家有关部委的文件精神来看，党和政府对于在少数民族地区开展双语教学取得的成绩是肯定的，并把它提升到关乎民族团结、民族平等和民族共同繁荣这一高度。

贵州根据中央的有关文件精神，结合贵州的实际，制定相关的政策法规，推动贵州少数民族地区的双语教学。1984 年，中共贵州省委《关于加强和改进民族工作的通知》指出："在不通汉语的少数民族聚居地方的民族小学，可进行运用民族文字开展双语教学的试点。"1985 年，中共贵州省委、贵州省人民政府《关于推进教育体制改革的决定》指出："我省少数民族占全省总人口的四分之一强，民族地区文化教育更为落后。必须采取特殊政策和灵活措施，加速发展民族地区教育，这是执行党的民族政策，促进各民族共同繁荣的重要措施。在经济特别落后、交通不便的山村，初等义务教育，要实行免费……在不通汉语的地区，可用双语教学。"随着中央和人民政府对用民族文字进行双语教学的重视，政府重申了民族文字对民族教育的重要性，并把它作为一项重要工作来抓紧、抓好、抓落实，这是一次大的历史跨越，是党的"一切从实际出发，实事求是"的重大体现。从 1980 年用少数民族文字扫盲实验开始，由于民族文字有易读、易学、易记的特点，深受广大少数民族人民的欢迎。后来，随着人们对民族文字优点的认同，民族文字逐渐过渡到民族小学甚至中学的双语教学，且取得了很大的成绩。毕节地区从 1981 年开始，逐渐在彝族、苗族聚居的民族小学用民族文字进行双语教学，过去"三率"处于低迷的状况得到了很大的改善。例如，毕节市三官小学自用彝文进行双语教学以后，入学人数从原来的 200 多人增加到 400 多人，入学率由原来的 57%上升到 68%，及格率由原来的 65.6%上升到 71.7%。根据调查，三官小学 1981 年小学毕业生为 22 人，升学 20 人，升学率为 91%；1982 年为 34 人，升学 29 人，升学率为 85%；1984 年为 42 人，升学 32 人，升学率为 76%。1984 年全区小学毕业会考，该校考生的总平均分名列 12 所公办学校的第一名；1985 年毕业升学会考，该校语文单科成绩名列全区第四名，数学单科成绩名列全区第二名，总平均分名列全区第二名。学校所在地的适龄儿童入学率为 83%，巩固率达 96%。毕节大南山苗文试点学校，开展双语教学以前，只有 2 人考取中等专业学校，开展双语教学以后，1982～1985 年考取中专、高中的有 16 人。大方兴龙小学民校全部是苗族学生，从 1982 年开展双语教学以来，升学率逐年提高，1983 年为 60%，1984 年为 72%，1985 年为 77%，1986 年和 1987 年为 81%，1990 年为 84%。为了解决苗族女孩不愿读书和读书难的问题，大方县民族事务委员会在八堡彝族苗族乡创办了复兴苗族女子班 46 人，1992～1993 年学年中，第一学期在该乡的统考中，这个班与同级普通班相比均获得好成绩，双语班语文最高分为 95 分，数学最高分为 100 分，普通班语文最高分 81.5，数学最高分为 93 分；双语班的语文均分为 62.1 分，及格率为 75%，数学均分 63.3 分，及格率为 62.6%，普通班语文均分为 47.3 分，及格率为 49%，数学均分为 47.8，及格率为 52%。

黔东南苗族侗族自治州在苗族、侗族聚居地区的学校用黔东方言苗文和侗文开展双语教学，同样取得骄人的成绩。例如麻江县白午乡小学在一年级开展双语教学实验班，1988 年考试成绩汉语文为全学区的第二名，数学为全学区的第一名。麻江县铜鼓乡新华村民办小学，全校有 7 名教师，其中公办教师 2 人，民办教师 5 人，他们自发地开展双语教学，1988 年考试，汉语文成绩为全学区平行班的第一名，数学成绩为全学区的第二名。台江县稿午村 1986 年办的民办苗汉双语教学实验小学，1987 年统考成绩，汉语文、数学两科均列全考区平行班的第一名。1988 年上升为二年级，第二学年考试，成绩列全学区平行班的前茅，全班汉语文获平均分第二名，数学获平均分第一名。1989 年升为三年级，学年考试成绩汉语文、数学两科均列全学区平行班的第一名。雷山县陶尧乡小学 1987 年语文教学毕业班参加升学（升初中）考试，升学率获该学区完小的第一名，获全县乡完小的第三名。侗族聚居地区的学校也用侗文和汉语进行双语教学实验，其结果也令人震惊，民族地区适龄儿童的入学率、升学率、巩固率都得到了明确的改善。例如黎平县吝洞小学在开展双语（侗文、汉文）教学之前，教汉语文班一年级 29 人中，只有女生 4 人，到了二年级，女生只有 1 人，到了三、四、五年级，女生一个也没有了。1987 年用双语教学在一年级进行试验，当时因教室有限，只计划招收 55 人，结果这个班要求入学的女生就有 45 人，占该班的 82%。第一学期结束时，巩固率为 100%，全乡统考成绩，汉语文 32 人及格，及格率为 69.1%，数学 42 人及格，及格率为 76.4%；单一的汉语文教学班，大部分是留级生，汉语文及格 18 人，及格率为 62.1%，数学及格 20 人，及格率为 69%。1989 年学年末全县小学统考，双语班参加考试 48 人，侗文人均 77.5 分，46 人及格，及格率为 95.8%，汉语文人均 87.6 分，全部及格，数学人均 87.9 分，全部及格。

和其他的文种一样，布依文也是从扫盲逐渐进入学校。1983 年 9 月，望谟县（布依文的标准音点）有关部门根据省民委、省教育厅[1983]黔族字第 40 号和黔教通字 150 号文件联合通知的精神，开始把布依文移入学校，学生通过学习布依文，很快地学会了汉语文，并取得了很好的成绩。由于有母语的基础，学生的积极性非常高，深受学生和教师的欢迎，也引起了有关部门的注意。例如打易区砍边民族小学和乐元区石屯民族学校用布依文和汉语进行双语教学实验，到期末考试时，均取得了较好的成绩。1984 年 3 月，又增加了由腊、孔怀、乐化、向阳、青艾、六洞、打哨和坝关 8 所民办小学进行试点，从一年级开始，同时采用布、汉两种文字进行教学。1984～1985 学年度，按照望谟县教委的要求，全县小学进行统考，结果双语教学实验班学生成绩和全班及格率都远比单汉语文平行班的要好。经过考试，青艾民办小学一年级单语班的汉语文平均分 5 分，汉语文及格率为 0%，数学平均分 30.9 分，数学及格率为 20%；而青艾民办小学一年级双语实验班的汉语文平均分为 62 分，汉语文及格率为 65.2%，数学平均分 62.5 分，数学及格率为 71.5%。新屯乡中心小学一年级单语班汉语文平均分 10.3 分，汉语文及格率为 2.78%，数学平均分 23 分，数学及格率为 8.33%；纳林村民办小学一年级双语教学实验班汉语文平均分 62.5 分，汉语文及格率为 62.5%，数学平均分 61 分，数学及格率为 62.5%；六洞民办小学一年级双语教学实验班汉语文平均分 55.2 分，汉语文及格率为 60%，数学平均分 61 分，数学及格率为 64%；祥乐民办小学一年级单语班汉语文平均分 22.7 分，汉语文及格率为 8%，数学平均分 54 分，数学及格率为 48%。以上情况表明，运用少数民族文字和汉语进行双语教学，是适合少数民族地区实际的，也符合少数民族的语言特点，因而，使用少数民族语言和汉语进行双语教学，是提高少数民族学生汉语文水平的有效途径。正如 1981 年联合国教科文组织在巴黎召开的以母语为教育工具的专家会议所指出："母语是入门教育和取得成绩的关键，是扫除文盲教育，扫除愚昧、歧视和贫穷的有利工具，对振兴民族具有潜在的催化作用。"

3. 民族文字教材的编译工作取得长足的进步

教材建设是民族文字推行的根本保障，没有民族文字的教材，民族文字的推行工作和学校的双语教育工作将成为"巧妇难为无米之炊"。自运用民族文字在农村进行扫盲和进入学校进行双语教学以来，党和国家都非常重视民族文字的教材建设。1991 年，国务院批转国家民族事务委员会《关于进一步做好少数民族语言文字工作的报告》的通知指出："我国是一个统一的多民族的社会主义国家，做好少数民族语言文字工作，对坚持民族平等、团结和促进各民族的共同繁荣，具有重要意义。各地政府和有关部门要重视少数民族语言文字工作，加强领导，给予关心和支持，切实把这项工作做好。"国家民族事务委员会《关于进一步做好少数民族语言文字工作的报告》指出："要采取有效措施，多渠道、多层次培养民族语文和双语教师、翻译、编辑和研究人员；增加民族文字的教材和各种读物的数量，提高质量。"1992 年 10 月 20 日国家教育委员会、国家民族事务委员会发布《关于加强民族教育工作若干问题的意见》指出："要认真抓好民族文字教材编译出版和审定工作。民族文字教材的编译出版，除省（区）财政拨专款给予支持外，要改革管理体制，按照'以教材养教材'的原则以盈补亏（即用出版汉文中小学教材的盈利补贴出版民族文字中小学教材的亏损）。跨省（区）使用的教材，由国家教委组织审定；本省（区）使用的教材，由省（区）教委组织审定。未经审定，不得作为教材。"1983 年 8 月 16 日，贵州省民族事务委员会、贵州省教育厅《关于在民族学校进行民族语文教学实验的通知》指出："民族语文实验教材，由民委和教育部门共同组织编写。"在中央和省地有关部门的领导下，民族文字的编译出版工作取得了长足的进步，主要体现在以下几个方面：

第一，扫盲教材的编译出版有了新的突破。随着党的民族语言文字政策的进一步落实，民族语言文字在少数民族地区的进一步开展，民族语文扫盲教材的出版已迫在眉睫。为适应这一新的形势的需要，贵州省民族事务委员会民族语文办公室组织了民族语文的专家学者编写了各个语种的扫盲课本，先后编写了《苗文课本》（黔东方言）、《苗文课本》（湘西方言）、《苗文课本》（川黔滇方言）、《苗文课本》（滇东北方言）、《苗文看图识字》（滇东北方言）、《彝文识字课本》等，印数达 10 万余册。这些扫盲教材的编写与出版，解决了民族语文扫盲教材的燃眉之极，有力地推动了我省民族地区民族语文的工作，促进了民族地区民族文字的推行，较好地完成了国家的扫盲任务，提高了少数民族农民的文化。

第二，双语教材的编译工作成绩突出。1982 年，西藏、青海、甘肃、云南四省（自治区）藏文教材协作会议纪要提出："编译协作教材的指导思想是：遵循党的十一届三中全会以来的路线、方针、政策，坚持四项基本原则，全面贯彻党的教育方针、民族政策和民族语文政策，适应培养民族人才的需要和四化建设的需要，根据全国通编教材的基本要求，结合民族特点和地区实际，走编译结合的道路。"这一指导思想，不仅适应于藏文，而且也适应于其他的民族文字。根据这一指导思想，贵州的苗、布、侗、彝的双语教材均按全国通编教材进行编译，先后编译出版了黔东方言的《小学苗汉课本·语文》（第一册）、《小学苗汉课本·语文》（第二册）、《小学苗汉课本·语文》（第三册）、《小学苗汉课本·语文》（第四册）、《小学苗汉课本·语文》（第五册）、《小学苗汉课本·语文》（第六册），布依语的《小学布依汉·语文》（第一册）、《小学布依汉·语文》（第二册）、《小学布依汉·语文》（第三册）、《小学布依汉·语文》（第四册）、《小学布依汉·语文》（第五册）、《小学布依汉·语文》（第六册），侗语的《小学侗汉课本·语文》（第一册）、《小学侗汉课本·语文》（第二册）、《小学侗汉课本·语文》（第三册）、《小学侗汉课本·语文》（第四册）、《小学侗汉课本·语文》（第五册）、《小学侗汉课本·语文》（第六册），彝文的《小学彝汉课本·语文》（第一册）、《小学彝汉课本·语文》（第二册）、《小学彝汉课本·语文》（第三册）、《小学彝汉课本·语文》（第四册）、《小学彝汉课本·语文》（第五册）、《小学彝汉课本·语文》（第六册），总印数达 40 余万册。这些教材采用民族文字和汉文对照，即先是汉文，后用民族文字翻译，这种编排方式，有利于学生通过学习民族文字理解汉文的意义。这些双语教材的编译出版，有力地促进了民族地区的双语教学，为民族语文进入学校进行双语教学提供了保障。

1990～1993 年，民族文字的双语教材改用单语编译出版，其主要是考虑到原来的双语对照教材成本过高，重量过大，加上双语教学的课时过少等，于是，把双语对照改为单语单文，内容也是用全国统编教材为蓝本，并加入了部分民族的内容。这段时间，翻译出版了川黔滇方言的小学语文教材《小学苗文课本·语文》（第一册）、《小学苗文课本·语文》（第二册）、《小学苗文课本·语文》（第三册）、《小学苗文课本·语文》（第四册）、《小学苗文课本·语文》（第五册），滇东北方言小学语文教材《小学苗文课本·语文》（第二册）、《小学苗文课本·语文》（第三册），黔东方言小学语文教材《小学苗语课本·语文》（第一册）、《小学苗语课本·语文》（第二册），布依语小学语文教材《小学布依文课本·语文》（第一册）、《小学布依文课本·语文》（第二册）、《小学布依文课本·语文》（第三册），侗语小学语文教材《小学侗文课本·语文》（第一册）、《小学侗文课本·语文》（第一册）。这时的民族语文教材，不仅语种多，而且比较全，贵州的 4 个语种 7 种文字都有了自己的教材，把民族文字的双语教学推向了一个新的高潮。

第三，民族文字的读物有了一定的进展。读物问题一直是困扰民族文字推行和巩固的问题，长期以来一直受到民族文字农村扫盲点和小学双语教学点的教师、学生以及脱盲以后的读者的关注。1991 年，国家民族事务委员会《关于进一步做好少数民族语言文字工作的报告》中指出："要采取有效措施，多渠道、多层次培养民族语文和双语教师、翻译、编辑和研究人员；增加民族文字的教材各种读物的数量，提高质量。"从 1985 年开始，贵州省先后翻译出版了各语种的民间文学读物和科技读物，有《苗族诗词选》（黔东方言）、《张秀眉歌》（黔东方言）、《植物栽培》（黔东方言）、《养鸡》（布依文）、《玩山歌》（侗文）、《布依族酒歌》（布依文）、《苗族谚语格言选》（黔东方言）、《民间故事选》（湘西方言）、《嘎百福歌》（黔东方言）、《嘎良果》（黔东方言）、《法律知识问答》（布依文）、《彝族谚语读本》（彝汉文）、《小鸭学游泳》（川黔滇方言）、《家庭卫生保健知识》（布依文）、《科普常识》（滇东北方言）等。这些读物的编译出版，缓解了民族地区运用民族文字进行扫盲和双语教学过程中读物欠缺的局面，但是，由于印数小，种类少，经费不足等原因，民族文字的读物还远远不能满足现实的实际需要。

第四，民族语文工具书有了一定的发展。工具书是民族语文双语教学必不可少的参考资料，它对民族文字的规范起到了重要的作用。虽然 20 世纪 50 年代曾经编写过一些语种的工具书，如《苗汉简明词典》（初稿）（1958 年）、《汉苗简明词典》（初稿）（黔东方言）（1962 年）、《布依汉简明词典》《侗汉简明词典》等，但由于林彪、"四人帮"对民族语文工作的破坏，以及"左"的错误干扰，这些工具书或被销毁，或被化作纸浆。党的十一届三中全会以后，由于重申了党的民族语言文字政策，民族文字重新获得了新生。在民族语文普遍进行农村扫盲和学校进行双语教学的形势下，一些民族语文的专家学者也开始进行民族语文工具书的编写工作。自 1990 年开始，先后出版了《苗汉词典》（黔东方言）、《汉苗词典》（黔东方言）、《简明彝汉字典》（贵州本）以及《简明侗语语法》《黔东苗语基础知识》等，这些词典及其他工具书的出版，对民族语文工作起到了积极的作用，同时也对民族语文的研究有一定的参考价值。

第五，一些报刊开始刊登民族语文作品，把民族语文推上了一个较高的层次。1987 年，贵州省民族事务委员会主办的《贵州民族报》开办了"民语新苑"栏目，轮流出版了苗、布依、侗、彝民族文字的作品。1985 年，贵州省文学艺术界联合会主办的《南风》开设了"民族文字之花"栏目，刊载民族文字和汉文对照的文章。这些举措，提高了人们学习民族文字的兴趣，使民族文字得到广泛的传播。

此外，一些县（市）的民委或学校，根据自己的需要，也办起了自己的定期或不定期的内部刊物和报纸，如天柱县办的《天柱民族语文》《山乡回音》，榕江县办的《车寨鼓楼》《苗笙与侗歌》，从江县办的《新芽》，台江县办的《台江苗文报》，丹寨县办的《丹寨苗文报》，雷山县陶尧苗文编辑部办的《陶尧苗文报》，黔东南苗族侗族自治州民族干部行政管理学校办的《春笋》，凯里市办的《香炉山》，雷山县办的《雷公山》，丹寨县办的《龙泉山》，麻江县办的《贵人峰》，黄平县办的《飞云崖》等。

第六，民族语广播取得了较好的成绩。随着民族语文的大面积的推广，各县（市）也开始用民族语进行广播，取得了非常好的效果。例如，黎平县广播站自 1987 年起，就用侗语进行普法知识、农业生产知识、种养殖技术的广播，受到侗族群众的欢迎，1991 年曾荣获全国首届县级台（站）优秀专题节目三等奖。施秉县、黄平县、罗甸县、望谟县、荔波县、册亨县等都曾用苗语或布依语进行广播，取得了较好的成绩。

第七，双语师资培训取得全面突破。师资的数量和质量，是双语教学取得成败的关键。

一支能力较强的双语教师队伍，一定能胜任双语的教学任务。在国外，实施双语教育的学校对双语教师的要求是比较高的，他们要求从事双语教学的教师，要有不同于其他普通教师的崇高的双语教育职业理想与正确的双语教育价值观，要有较高的学历和较高的学术水平，要具备宽厚的双语双元文化的基础知识等。除此而外，还经常组织双语教师出去参观学习，进行技能培训。贵州自民族语文进入学校进行双语教学实验以来，虽然各高等院校曾培养了一批民族语文的高学历专业人员，但他们毕业以后大都不是从事教育行业，因而培养双语师资的重任落到了中等师范学校的身上。1980 年 8 月 22 日，教育部中等师范学校教学计划（试行草案）中明确提出："民族地区应根据实际需要，设立民族或民族初级师范学校。民族师范学校原则上采用民族语言、文字进行教学。民族师范开设民族语文课程。"其目的就是要培养民族地区的双语师资人才。1984 年，教育部《关于中等师范学校和全日制中小学教职工编制标准的意见》指出："下列人员应根据学校不同情况，在编制标准外适当增加：（一）开设少数民族语文课，用少数民族语言教学的教师。"党和国家对民族语文双语教师的培养、编制等问题都做了明确的规定。

自 1980 年以后，各地结合本地区的不同实际，开展了形式多样的双语师资培训班，培养了一批年轻有为的骨干教师，逐步解决了双语教学中师资不足的问题。例如，黔东南苗族侗族自治州从 1981～1986 年的 6 年时间里，先后举办了 55 期师资培训班，参训人员有 1873 人，这些人学成回去后，有的成了当地的双语教师骨干。

过去，大部分双语教师是民办代课教师，由于工资低，待遇差，很多教师波动性很大，为了稳住这支队伍，贵州省教育厅、贵州省民族事务委员会展开了联合行动，对达到转正条件的，给予转正，暂时达不到条件的，积极为他们创造条件，使之达到条件后给予转正。这一举措，稳住了这支队伍，使双语教学持续开展。

文字是记录语言的符号。文字一经出现，人们就可以利用它来将自己的文化记录成文字，以便传于异地，留于异时，使人们在千里之遥也能互通信息，协调行动。民族文字的推广和普及，不仅仅是让少数民族单纯地学会自己的语言文字，提高汉语文水平，更重要的是，用民族文字去宣传科技生产知识，宣传党的各项经济政策和民族政策，促进民族的共同繁荣，用民族文字去记录自己的文化，保护自己的文化。正如李维汉所说："一个民族只有语言而无文字，他们的文化发展就要受到很大的不可打破的限制；反之，一旦有了代表本民族语言的文字，就有可能消灭文盲，发展文化，就有可能从兄弟民族方面吸取先进的有益的东西来丰富自己的文化。"因此，必须从地区的实际出发，引导他们努力学习自己的语言文字，这也是我们当前和今后的主要任务。

第三节　民族语文工作取得突出成绩的因素分析

从 1980～1993 年，是贵州民族语文工作取得优异成绩的时期。这一时期，贵州的民族语文工作，不管是农村扫盲，还是双语教学，不管是教学班（点），还是参与的人数，其规模都是前所未有的。综合起来，有以下的一些因素是民族语文工作取得优异成绩的支柱：

第一，党的民族政策和民族语文政策的正确指导。党的十一届三中全会以后，经过拨乱反正，党的民族政策和民族语文政策重新得到了落实，各级党委和政府都制定了发展民族语文教育的相关政策，为贵州的民族语文工作指明了方向。例如，1982 年 12 月 4 日第五届全国人民代表大会第五次会议通过的《中华人民共和国宪法》明确规定：“各民族都有使用和发展自己的语言文字的自由，都有保持或者改革自己的风俗习惯的自由。”1984 年 5 月 31 日第六届全国人民代表大会第二次会议通过的《中华人民共和国民族区域自治法》规定：“第十条　民族自治地方的自治机关保障本地方各民族都有使用和发展自己的语言文字的自由，都有保持或者改革自己的风俗习惯的自由。”“第三十七条……招收少数民族为主的学校，有条件的应当采用少数民族文字的课本，并用少数民族语言讲课……”1986 年 4 月 12 日第六届全国人民代表大会第四次会议通过的《中华人民共和国义务教育法》规定：“第六　……招收少数民族学生为主的学校，可以用少数民族通用的语言文字教学。”这些法律法规的制定，保障了少数民族使用自己语言文字的权利，充分体现了党的民族平等政策和语言平等政策。在这一政策的指导下，贵州的苗文、布依文、侗文、彝文重新获得了新的生命，人们在这种大好形势下，深深体会到党的政策的英明和学习自己民族文字的重要性，于是就形成了学习民族文字的热潮，出现了夫妻一起学、全家一堂学的可喜局面。

第二，各级党政机关的重视和支持。党的十一届三中全会以后，中央重申了民族语文的重要性，在这种形势下，各级党委和政府对民族文字积极的支持，有序的引导，使民族语文的扫盲工作和双语教学蓬勃地展开。1979 年 8 月 24 日，苗春亭同志《在全省民族工作会议上的报告》中指出：“一定要重视使用和发展少数民族的语言文字。这是体现民族平等的重要标志，也是党的一贯政策。……要切实尊重少数民族使用自己的语言的自由和权利……在少数民族比较集中而又不通汉语的边沿山区，要用民族语言进行广播，在小学教育中要用民族语言辅助教学。”1984 年，中共贵州省委《关于加强和改进民族工作的通知》进一步指出：“要根据少数民族群众的意愿，因地制宜地做好民族语文的推行工作。在不通汉语的少数民族地方的民族小学，可进行运用民族文字开展双语教学的试点，也可用民族文字在成年人中扫盲。”1983 年，贵州省民族事务委员会、贵州省教育厅下发了《关于在民族学校进行民族语文教学的通知》，该通知要求各试验学校要根据民族地区的实际，搞好民族语文推行和双语教学的试验。在省委、省政府及相关部门的重视和支持下，地、州各级各部门也出台了相应的文件。例如黔东南苗族侗族自治州出台的《中共黔东南州委、黔东南州人民政府关于加强和改革我州普通教育的决定》中明确提出：“苗族、侗族聚居地区，可以采用民族语言文字辅助教学。”由于得到了各级党委和政府的支持，少数民族群众学习自己语言文字的积极性才很高。

第三，人们对自己的文字有一种认同感。在贵州，除了彝族有自己的文字之外，其他的少数民族都只有语言而没有文字（虽然 19 世纪英国传教士柏格理到威宁传教时，与苗族教徒张岳汉等人以威宁石门坎的苗语为标准音创制了一套苗文，并翻译出版了《圣经》《赞美诗》《马太福音》和《花苗新课本》等书，但除《花苗新课本》是教语音和苗族文化外，其他的都是传教使用的图书。1956 年创制苗文时，对其进行了改革，现其主要用于宗教活动场合）。1956 年创制苗文、布依文、侗文时，就得到了人民的喜爱，但是，由于极“左”思潮的影响，这 3 种新创制的文字才推行后不久就被迫停止了。党的十一届三中全会以后，这三种文字又重新回到了他们的身边，人民对它有着一种亲切感和认同感。就如一位苗语专家对苗文作的一首诗《栽棵苗文树》中写道：“栽棵苗文树，栽棵苗文树，栽在养薅村。根扎清水江，枝盖雷公坪，山谷春风起，芽长叶儿生，花开如红日，遍地亮晶晶。果实如金宝，堆满苗家村。青年们啊多欢喜，姑娘们啊多高兴。大家齐心来壅育，让他繁茂万年青。”正是有了这种认同心理，才使得大家一起来学习。

第四，易学易懂易记。由于新创的文字都是拼音文字，其最大的特点是怎样说就怎样写，很容易学会。据调查，一个懂得本民族语言的人，只需要180个学时就学会了拼读和拼写，并能够熟练地用于记账、收集本民族的民间故事等。这样，人们对它的学习积极性就很高，在这种情势下，广大的各民族群众就积极地投入到学习知识文化之中，形成了一股学习的热潮，把努力学习自己的文字推上了顶峰。

由于历史的众多原因，很多民族都没有自己的文字或通用文字，长期以来人们都是用刻木记事或结绳记事，人们深感到没有文字的痛苦。因此，当党和政府为他们创制了文字以后，他们就把它认同为自己的东西百般的珍惜，这样，既激发了他们的学习兴趣和学习热情，也把民族文字的学习推向了新的高潮。.

第四节　民族语文工作发展中的曲折

贵州的民族语文工作自1981年恢复以来，自1993年已有12个春秋，在这12年里，贵州的民族语文工作有突出的成绩，也存在一些不足和困难。从贵州民族语文所走过的路程来看，它并不是一帆风顺的“直线”式前进，而是一种“驼峰形”式的发展轨迹。总观这12年的发展历程，可以将它分为上升阶段、高峰阶段、滑坡阶段、由农村扫盲转向双语教学试验的初期发展阶段。

第一，上升阶段。中共十一届三中全会以后，经过拨乱反正，党的各项民族政策得到了重新贯彻和落实，民族工作步入了一个新的历史发展时期，中断了20多年的民族语文工作也因此而重新获得了新生。1980年，由国家民族事务委员会和中国社会科学院联合召开的第三次全国民族语文科学讨论会，批判了过去“左”的一些错误思想和错误做法，重申了党的民族语文政策，重新确认了民族语文是提高各少数民族科学文化技术水平的最有效的工具。根据这次讨论会的会议精神，中共贵州省委和贵州省人民政府责成贵州省民族事务委员会具体负责本省的民族语文推行工作。1981年，在各级党委政府和有关部门的领导和帮助下，黔东南苗族侗族自治州的凯里、雷山、剑河、天柱、榕江5个苗族侗族聚居的县市先后开办了20个苗文侗文试点班，拉开了贵州省“文化大革命”后民族语文工作推行的帷幕。同时，也把民族语文带入学校进行双语教学试验，后经有关部门的验收，成绩斐然，为本省民族语文的扫盲工作和双语教学提供了理论依据和试验榜样。

1982年，布依文率先在黔西南布依族苗族自治州的望谟县举办了第一期师资培训班，1982年4月，黔南布依族苗族自治州民族事务委员会在罗甸县举办了一期布依文培训班，共培训布依文教师160多人。这些教师，为以后的布依文推行工作打下了良好的基础。

1982年，贵州省民族事务委员会在贵阳召开了全省民族语文工作会议，会议总结了两年来贵州民族语文推行工作所取得的经验、存在的问题，并决定进一步扩大本省民族语文推行工作的试验点（班）。

1983年，贵州省民族语文推行工作继续向前推进，具体表现为：

（1）师资培训工作全面铺开。1983年以后，各地（州）、县（市）都把师资的培训工作放在首位，把具有一定文化知识的社会青年和试点班中优秀学员作为民族语文的师资对象进行培训，以满足快速发展的民族语文推行工作的需要。例如：黔东南苗族侗族自治州从1981年到1986年，举办了苗文侗文师资培训班55期，参加培训的人员有1873人，其中农村扫盲教师1572人，正式教师310人，辅导员和编辑人员120人。

（2）各文种运用民族文字扫盲的试点和人数继续增加。由于苗文、布依文、侗文都是拼音文字，易学、易记，农村扫盲只要180个学时的学习，就能比较熟练地掌握了，因而很受群众的欢迎，开办的试验点（班）和学习的人数直线上升。苗文：如台江县开了51个点（班），学习人数达1347人；凯里市共办了52个点（班），学习人数达1925人；威宁彝族回族苗族自治县开办了53个点（班），学习人数达6400多人。布依文：如罗甸县共办了51个点（班），学习人数达1623人；望谟县共办了16个点（班），学习人数为611人。侗文：如榕江县共开办了20个点（班），学习人数884人；从江县共开办28个点（班），学习人数980人。彝文：威宁彝族回族苗族自治县共开了17个点（班），学习人数700余人。从全省的民族文字扫盲工作及验收的情况来看，大部分都达到及格标准。

运用民族文字在农村扫盲和进入学校进行双语教学取得了良好的效果。1983年贵州省民族事务委员会、贵州省教育厅联合下发了《关于在民族学校进行民族语文教学实验的通知》（以下简称《通知》）（黔教通字150号，黔族（1983）40号）。《通知》认为："党的十一届三中全会以后，经中央批准，八〇年元月，国家民委与中国社科院联合召开了第三次全国民族语文科学讨论会，重申了党的民族语文政策，我省的民族语文试行工作又于八一年起恢复。特别是八二年全省民族语文工作会议之后，这项工作更得到了健康的发展。截至目前，全省已有万人左右学习了民族文字。近两年来，民族文字主要在农村进行扫盲试验，民族地区个别学校也曾试教（有毕节三官小学、凯里挂丁小学、榕江车江中学等二十所左右），效果都很好，深受少数民族人民群众的欢迎。"《通知》对民族文字在农村扫盲和学校试教所取得的成绩进行了充分的肯定，并进一步指出："为了迅速改变我省民族教育的落后面貌，促进物质文明和精神文明建设，要按中央一再指出，'逐步建设适合少数民族特点和民族教育体系'的精神，改变过去'一刀切'的做法，从民族地区的实际出发，采取特殊措施，改革民族教育，力争在中央规定的时间内基本实现我省民族地区初等教育的普及。一九八三年四、六月份中国社会科学院、教育部先后召开的科研规划会上，我省的民族教育研究已被列为'六五'期间的国家重点科研项目。其中的民族文字推行和双语（民族语和汉语）教学是两个重要的课题。我们一定要按时完成这项任务，向国家提供理论和实践依据。为此，决定在有关学校进行民族语文的教学实验，以便总结经验，逐步推广。"同时，还提出了实验的目的、民族语文对汉语及其他学科的影响以及教材教法等。根据《通知》精神，各地的双语教学点普遍增多，成直线上升。

第二，高峰阶段。随着党的民族语文政策的进一步落实，民族文字的推行工作迎来了一个新的高潮，苗文、布依文、侗文、彝文的农村扫盲和双语教学迅速进入了高峰时期。这一时期的民族文字农村扫盲点和双语教学点成倍增加，学习的人数达到了这一段时期的最高水平，其主要表现在以下几个方面：

（1）点多人数多。这一时期，各文种的农村扫盲点和双语教学班（点）增加很快，参与学习的人数也达到了历史新高。苗文：如台江县1984年共办了100个农村扫盲点，学习人数为2420人，1985年办了66个农村扫盲点，学习人数为1339人；凯里市1984年共办了 68 个农村扫盲点，学习人数为 2524 人，进入学校进行双语教学的有 12 个班，学习人数为 417 人，1985 年共办农村扫盲点 163 个，学习人数为 3637 人，开展双语教学的有 28 个班，学习人数为 1006 人；威宁彝族回族苗族自治县，从 1984 年到 1985 年，共办了苗文业余夜校 51 个点，参加学习的人数达 3400 多人。布依文：如罗甸县共办了 5 个农村扫盲点，学习人数为 208 人，开展双语教学的有 30 个班，学习人数为 941 人，1985 年进入学校的有 45 个班，学习人数为 1450 人；望谟县 1984 年共办了 10 个农村扫盲点，学习人数为 589 人，进入学校进行双语教学试验的有 5 个点（班），学习人数 100 余人。侗文：如天柱县 1984 年共办了 25 个农村扫盲点，学习人数为 882 人，开展双语教学的有 6 个班，学习人数为 179 人，1985 年共办了 16 个农村扫盲班，学习人数为 459 人，开展双语教学的有 16 个班，学习人数 500 人；黎平县 1984 年共办了农村扫盲点 40 个，学习人数为 1630 人；榕江县 1985 年共办了农村扫盲点 55 个，学习人数为 2132 人。彝文：如盘县特区 1984 年共开办了 9 个双语教学班，学习人数为 500 余人。

（2）民族文字教材、读物的编译出版有了突出的进展。为了适应这一发展态势的需求，1984 年 5 月，贵州省民族事务委员会举办了民族文字编译创作人员培训班。培训班结束后，贵州省民族事务委员会民族语文办公室从各县招聘了一部分学员到省民委从事教材、读物的编写工作，先后编译出版了《苗文课本》《苗族诗词选》《布依文课本》《布依文教学参考书》《布依谚语》《布依歌》《侗文课本》《侗族传统文学选编》。除此之外，为缓解民族文字读物紧张的状况，各地（州）、县也出版了一些民族文字的读物和报纸，如黔东南苗族侗族自治州民族事务委员会办的《苗文侗文报》、台江县民族事务委员会办的《台江苗文报》、丹寨县民族事务委员会办的《丹寨苗文报》、麻江县民族事务委员会办的《贵人峰》、黄平县民族事务委员会办的《飞云崖》、雷山县白岩苗文俱乐部办的《苗岭映山红》等等。虽然发行量不大，但也可以解决民族文字读物的困难。

第三，滑落阶段。贵州省的苗文、布依文、侗文、彝文 4 个语种 7 种文字，从 1981 年恢复农村扫盲和进入学校进行双语教学实验以来，至 1985 年，发展到了它的最高阶段，农村扫盲点、双语教学点、学习人数等都达到了最高峰，是贵州省民族文字推行最好的时期。然而，由于各个方面的原因，从 1986 年开始，便出现了开始下滑的趋势，即使是民族文字推行比较好的县（市），农村扫盲点、双语教学点、学习人数逐渐减少。苗文方面，例如威宁彝族回族苗族自治县 1982～1983 年有 53 个农村扫盲点，学习人数 6400 余人，1986～1987 年，下滑到 42 个点，学习人数只有 2000 余人，1988～1989 年，农村扫盲点几乎没有了，仅存 2 个双语教学实验点；又如台江县，1984 年有 100 个农村扫盲点，学习人数 2420 人，而 1986 年仅存 16 个点，学习人数 296 人。布依文方面，除个别县下滑不明显外，有的县已经停止推行（如关岭布依族苗族自治县），有的仅存 1~2 个农村扫盲点。侗文方面，如天柱县 1985 年有农村扫盲点 16 个，学习人数 459 人，进入学校进行双语教学试验 16 个点（班），1986 年以后只剩下 9 个点（班），学习人数 208 人。彝文方面，如 1984 年盘县有 9 个点开展双语教学试验，学习人数 500 多人，1986 年以后下滑到 2 个点，学习人数约 80 人等。从这些数字我们可以明显地看到，各文种从 1986 年以后，就开始下滑，有的甚至停止，这种现象虽然已经引起有关部门的警觉，但由于客观因素的影响，这一状况一直未能改变。

第四，由农村扫盲转入双语教学试验的初级发展阶段。当民族文字的农村扫盲点、双语教学试验班（点）、学习人数下滑到一定程度以后，就开始以一种平稳的态势继续向前发展，这一阶段的特点是：农村扫盲点几乎垮掉，而过去农村扫盲点和双语教学试验班（点）平行发展的态势逐渐转移到民族文字双语教学试验班（点）上。而双语教学试验的班（点）因各地的情况不同发展参差不齐，有的地区多，有的地区少，有的地区甚至为零，但各文种又都有点（班）在进行双语教学试验，所以，我们把这一阶段称之为“由农村扫盲转入双语教学试验的初发展阶段”。这里所指的初期，并不是指民族文字双语教学试验才刚开始，而是指民族文字双语教学试验的点（班）范围不广，人数不多，且双语教学仅是语文单科，其他学科还是用汉语教学。

贵州民族文字的推行工作为什么会出现这种“驼峰式”的发展情况呢？如果我们仔细地思考一下，不难发现，出现这种状况，是由以下一些原因造成的：

第一，没有一定的理论作为指导。我们知道，一切理论都来自于实践活动，并对我们的实践活动起指导作用。贵州的民族语文推行工作虽然在此之前曾经推行过，但是由于“左”的影响，推行试验工作遭到厄运，在很短的时间内，民族文字的推行还没有也不可能形成自己的一套系统理论。十一届三中全会以后，民族文字如同雨后春笋般遍地铺开，群众学习自己文字的积极性很高，这是一种可喜的局面，但由于我们准备不足，如教材的编写出版问题、读物的编译出版问题、师资的培养问题、资金的问题等等，都是我们始料不及的，这些问题的出现，即使只是一个问题，也会影响我们的整个大局。例如，1985 年 2 月 5 日国务院发布的《扫除文盲工作条例》（以下简称《条例》）第四条规定：“扫除文盲与普及初等教育应当统筹规划，同步实施。”第五条规定：“扫除文盲教育应当讲求实效，把学习文化和学习知识结合起来。扫除文盲教育的形式应当因地制宜，灵活多样。扫除文盲的教材，由省、自治区、直辖市教育行政部门审定。”第六条规定：“扫除文盲教学应当使用全国通用的普通话。在少数民族地区可以使用本民族语言文字教学，也可以使用当地各民族通用的语言文字教学。”第七条规定：“……用当地民族语言文字扫盲的地方，脱盲标准由省、自治区人民政府前款规定制定。”第八条规定：“扫除文盲实行验收制度。扫除文盲的学员由所在乡（镇）人民政府、城市街道办事处或同级企业单位、事业单位组织考核，对达到脱盲标准的，发给‘脱盲证书’。”1984 年《中共贵州省委关于加强和改进民族工作的通知》（以下简称《通知》）指出：“要根据少数群众的意见，因地制宜地做好民族文字的推行工作。在不通汉语的少数民族聚居地方的民族学校，可进行运用民族文字开展双语教学的试点，也可用民族文字在成年人中扫盲。对掌握民族文字达到扫盲标准的，有关部门应与汉文脱盲同样对待。”

这些《条例》和《通知》，无疑对民族文字的推行工作是有用的，但是，对于如何确定民族文字的扫盲标准，却未曾看到，也未知已经达到扫盲标准的少数民族群众是否领到过“脱盲证书”。因此，这种理论上的缺失，必然导致其工作的积极性受挫，这是民族文字的推行工作下滑的原因之一。

第二，对民族文字作用的认识存在严重分歧。文字是记录语言的符号，是人类走向文明的标志。在贵州推行的 4 个语种 7 种文字中，除了彝文是古文字外，其余的苗文、布依文、侗文都属于新创的拼音文字。彝文虽然是古文字，但长期以来主要掌握在毕摩的手中，因而在彝族地区的使用并不广泛；而新创制的苗文、布依文、侗文由于时间短，加之受到“文化大革命”的影响，掌握的人也不多。同时，由于这几种文字在贵州都不是通用文字，在推行过程中就会出现不同的观点，如有的人怀疑，民族文字有什么用处？现在全国都在推行普通话，为啥还要推行民族文字？少数民族地区的教育本来就落后，推行少数民族文字增加学生的学习负担，分散学生的学习精力。而有的人又积极的要求推行民族文字，认为运用民族文字进行农村扫盲或双语教育，既能迅速地扫除少数民族地区的文盲，又能迅速地提高少数民族学生的入学率、巩固率、升学率，还可以有效地抢救和保护少数民族的古籍文化等。

由于存在这样的分歧，使贵州的民族文字推行工作在出现争论以后不仅没有让那些错误的理论得到及时的匡正，而且进一步让这种理论逐渐地蔓延开来，严重影响了贵州民族语文的推行工作和双语教育工作。

针对这种情况，1991 年 6 月 19 日国务院批转国家民族事务委员会《关于进一步做好少数民族语言文字工作的报告》时明确指出："四十多年来，民族语文工作在党中央、国务院的正确领导下，在地方各级党委和政府的领导以及各有关部门的积极支持配合下，认真贯彻执行党和国家的民族语文政策，取得了显著成绩，特别是党的十一届三中全会以来，民族语文工作认真贯彻实事求是的思想路线，在逐步恢复的基础上有了新的发展：少数民族使用和发展本民族语言文字的自由进一步得到尊重和保障；历来通用的少数民族文字得到更加广泛的使用；民族语文的规范化、标准化和信息化处理有了可喜的进展；五十年代创制和改进的民族文字的试行和推行工作取得一定成效；民族语文的翻译、出版、教育、新闻、广播、影视、古籍整理和学术研究取得了很大成绩，特别是应用科学研究取得了多方面的成果；民族语文教育事业得到了加强，双语教学体制在部分民族地区开始形成；民族语文工作机构得到了恢复和加强，各类民族语文专业人才不断成长，形成了一支具有一定规模的民族语文工作队伍；建立了一些跨省区的民族语文协作机构，并积极开展活动；各民族互相学习语言文字的活动更加广泛的开展起来，少数民族中已有更多的人掌握双语。民族语文工作为发展少数民族地区政治、经济和文化事业，增强民族团结，维护社会稳定，促进改革开放和四化建设发挥了积极作用。"这不仅对民族文字的推行所取得的成绩给予了肯定，而且还回应了"民族文字没有作用"的这一质疑。

第三，经费不足，教材读物欠缺。在这一时期，民族语言文字不管是在农村进行扫盲，还是在学校进行双语教学试验，其所有的费用都由各地的民族事务部门支付，由于班（点）多、文种多（有的县要开设两三种文字），一旦经费紧张，就不得不压缩一些扫盲点和双语教育试验点。加上经费有限，各类教材读物跟不上发展的需要，虽然之前为了形式的需要出版了一些教材和读物，但如果按照当时已经掌握民族文字的人员来计算，每人平均只有一本多一点，也就是说，他们学习了这一本书以后，就没有其他的书可读了，这也是造成民族文字扫盲点和双语教学点急剧下滑的原因之一。

第四，双语师资水平不高。双语教育的效果如何，最终起决定因素的是双语教师的水平。贵州在进行苗文、布依文、侗文、彝文双语教学试验的过程中，许多教师都是参加民族文字培训的社会人员，当然也不乏有一些民办或者公办的教师参加培训，但是，就仅懂得民族文字就来进行双语教学，其效果就可想而知了。如果与国外的双语教师的专业素养（崇高的双语教育职业理想、独特的双语教育知识结构、较高的双语教育学术水平、正确的双语教育价值观与灵活多样的双语教育教学机智）相比，我们可谓相差甚远。

总之，影响贵州民族语文这样一种发展态势的原因是多方面的，然而，只要我们认真地贯彻党的民族语文政策，不断地总结经验，加大理论研究的力度，我们就可以寻找出一条适合于贵州实际的双语教育路子，努力把贵州的民族语文工作推上一个新的台阶。

第五节　推行民族文字和双语教育的理论评述

中共十一届三中全会以后，由于重申了党的民族政策和民族语文政策，党和政府对民族文字的作用重新进行了科学的评估，就如 1979 年乌兰夫同志《在全国边防工作会议上的报告》中指出的那样：“加强少数民族语言文字的广播宣传工作，既是尊重少数民族语言文字的重要政策问题，又是和帝、修、反作斗争的一条重要战线。”而 1980 年教育部、国家民委在《关于加强民族教育工作的意见》中指出：“少数民族地区的四化建设和繁荣发展，需要大批的建设人才，必须发展各类学校教育。靠文盲和半文盲是不可能进行现代化建设的。……我们大力帮助少数民族，最有远见的办法，就是从办好教育，大力培养人才做起。……要注意抓好成年人（特别是中青年和干部）的扫盲教育，逐步改善大多数成年人甚至基层大多数民族干部是文盲这种落后的状况。发展民族中小学教育，一定要在教育体制、教学内容和教学方法等方面，适合少数民族的特点。最重要的是，凡有本民族语言文字的民族，应使用本民族的语文教学，学好本民族语文，同时兼学汉语汉文。”从乌兰夫同志的讲话和教育部、国家民委的《意见》中我们不难看出，民族语言文字的作用已经被提高到了一个最高的高度来认识，贵州的民族语文推行工作也正是在这个时候得到了蓬勃的发展。然而，1986 年以后却又逐渐的下滑，农村的民族文字扫盲点几乎无存。综观原因，主要是这时的理论仅停留在“认识文字”之上。

众所周知，在贵州的 4 个语种 7 种文字中，除了彝文是古老的文字外，苗文、布依文、侗文都是新创的拼音文字，易学、易懂、易记，这是拼音文字的特点。但是，由于苗文、布依文、侗文都是新创制的文字，过去推行时又因各方面的原因未曾普及，没有教材、读物等，彝文虽然是古文字，但又都是掌握在毕摩的手中，这样，把民族文字扫盲仅停留在“识字”上就有理论上的欠缺，主要体现在对文字的功能和作用没有深入的认识。

文字是记录语言的符号，是人类进入文明的标志，人们学习自己的语言文字，主要是通过文字的信息转换作用来学习文化科学知识，增强思维能力，不是就学文字而学文字。对于文字而言，它不仅可以使远在千里之外的人了解思想、协调行动，还可以把已经取得的经验用文字的形式流传下来，传于后代。可见，文字的功能和作用是比较大的。然而，这一时期民族语文在农村的扫盲的主要任务是“识字”，这我们可以从很多专家学者的研究中找到依据，在他们的文章中，对民族文字在农村取得的成绩加以肯定的时候，主要是从民族文字易学、易记、易懂这一方面来谈及的，而不是从文字的作用来理解。这样，就造成民族文字在农村的扫盲只在“识字”这一层面，没有注意农村扫盲以后如何巩固和发展。

随着民族文字在农村扫盲的深入和成绩的取得，贵州的民族文字也开始进入学校进行双语教学试验，1983 年的中共中央办公厅、国务院办公厅转发的教育部《关于正确处理少数民族地区宗教干扰学校教育问题的意见》中指出：“在有民族文字的少数民族中小学中，应尽快恢复民族文字教学，使学生首先学好本民族语文，并根据需要同时学好汉语文。”1987 年国家教委《关于九省区教育体制改革进展情况的通报》指出：“第一，关于民族地区中小学的教学语言问题。同志们认为，随着国内经济建设的发展，各地区之间的交流日益广泛，大量的政治、经济、文化、科学技术等信息主要是靠汉语传播的。学好汉语文是少数民族人民的共同愿望，也是发展繁荣民族经济文化的需要。同时，按照国家的有关法律规定，又要充分尊重少数民族使用和发展自己语言文字的权利。因此，在中小学阶段，既要学好本民族语言文字，又要学好汉语文。有民族语言文字的民族地区，先以学好本民族语言文字为主，逐步过渡到学习汉语文。有民族语言而无文字的，在小学阶段，以民族语言辅助教学，加强‘汉语拼音学话、注音认字、提前读写’的试验，逐步学好汉语文。”在这种理论的指导下，在贵州的双语教学试验中，民族语文在教学过程中强调的是“拐棍”作用。在这一“拐棍论”的影响下，许多的专家学者都在围绕“拐棍论”做文章，甚至把民族文字的双语教学称作是“注音识字”，完全偏离了双语教学的根本宗旨。

众所周知，“双语”是一个语言学术语，英语写作 Bilingualism。对“双语”的含义，国内外的学者各有不同的看法，有的认为是“个人或语言集团使用两种语言的现象”，有的认为是“具有同等熟练使用两种语言的能力”，而有的人认为是“在一个国家里两种语言平等存在”等。但不管怎样，大多数人都认为，“双语”是个人或者集团使用两种或两种以上语言的现象。我国的《现代汉语词典》对“双语”的解释是“同时使用两种语言的”。至于“双语教学”更是众说纷纭，如《国际教育百科全书》把其定义为“是指一种使用两种语言作为非语言学科教学媒介语的教学方式或教学手段”。《朗曼语言学词典》中认为：“双语教育是指学校采用第二语言或外语教授主课。”约翰·巴格斯（John A. Buggs）认为：“所谓‘双语教育’，是指在学生入学初期的课堂教学中以学生的本族语（母语）作为教学其他非语言学科的语言，此后逐渐在教学中渗透第二语言（英语），直到学生第二语言发展到一定程度后再采用两种语言（学生的本族语和英语）的教育教学方式。”“实施‘双语教育’的作用主要体现在两个方面：一是可以促使语言少数民族学生尽快提高英语水平，享受平等的教育权利，以有效缓解语言少数民族英语能力有限与公立学校使用英语单语教学而形成的矛盾；二是可以在有效提高学生英语技能技巧的同时也保持学生的民族语言（本族语或母语），培养学生的民族独立性，使学生最终能够成为双语双元文化者。”

在我国，人们对双语教学的研究主要涉及的是汉语与外语的教学，很少涉及少数民族语言与汉语的教学，因而，他们对双语教学的定义也大多是指英语与汉语教学。例如，朱浦在他的《对推进上海中小学双语教学的思考》一文中指出：“所谓双语教学，即用非母语进行部分或全部非语言学科的教学，其实际内涵因国家、地区不同而存在差异。而包括我国在内的不少亚洲国家和地区正在探索和实验的双语教学，一般是指用英语进行学科教学的一种体系。”在贵州，虽然运用少数民族语言进行双语教学取得了很大的成绩，但是，由于我们一直沿用的是让“学生的本民族语向目标语迁移”的教育理论和教育模式，在这种理论的指导之下，双语教学大多只到三年级，使用的教材是全国统编教材的翻译，这不仅不适合于各个文种的实际，也与教育部、国家民委《关于加强民族教育工作的意见》提出的“民族文字教材内容一定要注意民族特点和地区特点，要适应多种形式办学的实际需要”的精神相矛盾。

“拐棍论”虽然能使学生在较短的时间内学习好目标语，但从长远来看，它存在着一些不足。

恩格斯指出，人类“从铁矿的冶炼开始，并由于文字的发明及其应用于文献记录而过渡到文明时代”。文字是人类进入文明时期的主要标志。文字是记录语言的工具，但其在记录语言时，并不只是消极地充当记录语言的工具，而且还能积极为该语言集团的所有人服务，该语言集团的人通过它，可以促进他们文学艺术及科学技术的发展，促进自身思维的日益缜密，借助它来认识世界，促进各方面的不断发展。因此，帮助少数民族创制文字，并不单纯是为了学习目标语（汉语），而是为了更有效地发展少数民族的文学艺术和科学技术。正如教育部、国家民委《关于〈西藏、青海、甘肃、四川、云南五省、自治区藏文教材协作会议纪要〉的批复》指出，“做好藏文教材工作，对普及科学文化知识，培养少数民族干部和专业人才，增强民族团结，促进藏族地区经济建设和教育事业的发展，都有积极的作用。”贵州的民族语文双语教学，应该借鉴外民族的经验，取长补短，努力走出“拐棍论”的怪圈，建构有自己特色的双语教学理论，把双语教学工作推向一个台阶。

当然，贵州少数民族地区的双语教学，对许多人来说还是一件新鲜事物，对教育来说，也是一种新教育体制和教育模式的探索。苗文、布依文、侗文又都是新创文字，没有现成的理论供我们使用，在探索中肯定会碰到困难和问题，但只要我们不气馁，我们就会做出成绩来。

另外，文字不仅是记录语言的工具，还是文化的载体。学习民族文字，就是要能充分利用文字的作用来保护文化和传承文化。众所周知，历史上许多少数民族有自己的语言，没有自己本民族通用的文字，许多优秀的民族文化都是靠口传心授的方式一代一代地传承下来的。随着社会的发展和文化的相互交往，一些民族文化将逐渐消失，而民族文化的消失，将给人类带来巨大的损失。这一点，我们要有充分的认识。因此，学习文字不仅是要用它来做“拐棍”，更是要用它来服务于该语言集团的文化，使该语言集团的文化得到保护、传承和弘扬。

总之，只要我们认清文字的功能和作用，就不会受其他理论的困扰，就能够发现自己的不足，从而进一步深入调查研究，构建出适合贵州双语教学的教育理论，并应用它来指导贵州的民族语文双语教学。这样，贵州的民族语文双语教学就会取得较好的成绩。

要把贵州的双语教学推向一个更高的阶段，就必须构建一个适合贵州实际的双语教育理论，用之来指导贵州的双语教育工作。为此，我们必须从以下一些工作做起：

第一，转变双语教学理念，认清教学目标。过去我们进行双语教学，主要是为提高学生的目标语水平，但是，随着社会的发展，以提高学生目标语为目的的双语教学应该转为以培养双语双元文化为目的的双语教学。众所周知，由于经济全球化和地区经济发展速度的加快，网络、媒体的普及，学习目标语对于少数民族儿童来说并不是一件难事，相反的，少数民族语言将逐渐被强势语言所取代。例如，在1999年以前，贵州“全省有语言的世居少数民族人口约1100万，其中500万人不通汉语，占世居少数民族人口的45%，有400万人兼通民族语、汉语，占世居少数民族人口的37%，200万人主要使用汉语，占世居少数民族人口的18%”。而到2007年贵州省民族事务委员会对全省少数民族语言的调查显示，“17个世居少数民族人口1317.92万人，其中掌握本民族语言人口698.2万人，占52.98%；半掌握本民族语言人口111.35万人，占8.45%；不掌握本民族语言人口508.37万人，占38.58%（主要是土家族、回族、蒙古族）；通晓汉语人口1057.65万人，占80.25%；半通晓汉语人口134.68万人，占10.22%；不通晓汉语人口125.66万人，占9.53%（主要是儿童、妇女、老人）”。

从上面的数字我们可以清楚地看出，少数民族懂汉语汉文的人越来越多，少数民族语言作为文化载体，其功能将逐渐削弱，从而直接引起文化的消失。这已引起了有关部门的关注，以致联合国教科文组织在2003年10月17日通过的《保护非物质文化遗产国际公约》中把语言提到最重要的位置。正如李晋有同志所讲的那样：“弱势语言一旦消亡，语言中积存和蕴藏着的文化现象也将随之消失，到时候再想回过头来抢救、收集那些民族语言将成为一件永远不可能实现的憾事。这既是使用该语言的群体的损失，也是人类财富的损失。”为此，我们的双语教学理论要随时代的发展而不断地变化和发展，要由学习目标语向培养双语双元文化人才方面转变。这样，不仅能够推动目标语的学习，而且还能够保存和发展少数民族语言和文化。

第二，构建新的双语教师培训机制，培养一批高质量、高水平的双语教师，确保双语教学能更好地开展。随着国家对双语教学的逐渐重视，贵州的双语教学工作将进一步的深入，据调查，目前全省有 117 个乡（镇）的 162 所学校开展双语教学，而需要新增或重新恢复双语教学的学校还有 152 所。由此可见，贵州的双语教育任务艰巨，发展潜力巨大。然而就全省目前双语教师的状况来说，令人担忧。我们在调查中发现，很多的双语教师多没有经过严格的培训，有的只学会民族文字就匆忙上岗，这对双语教学来说，其质量可想而知。

双语教师不同于一般的单语教师，双语教师除了具备一般单语教师的基本素养外，还要具备较强的双语双文能力、双语课堂教学内容的整合能力和营造双语教学环境的能力。要达到这样的水平，就必须加大对在职双语教师的培训力度，使双语教师的在职培训制度化、规范化。各级教育主管部门应尽力在政策和经费上对双语教育的队伍建设加大投入，列出专项资经对双语教师进行不同等级的培训。培训的内容包括听、说、读、写、译等能力的强化和提高，同时，还要培训本民族的历史文化知识，使他们既懂得双语，又学到双元文化。只有这样，双语教师的能力才能得到不断地巩固和提高，才能胜任双语教学这一艰巨的工作。

第三，加强宣传引导，缩小意见分歧，真正地把贵州的双语教学抓好、抓实、抓牢。贵州的双语教学从 20 世纪 80 年代到现在，已经经历了一个较长的过程，搞好双语教学工作，不仅是少数民族地区政治、经济和文化发展的需要，也是增强民族团结，促进民族平等、维护社会稳定的需要，是党的民族政策的体现。然而，一直到现在，有的人还对双语教学产生疑问，有的甚至说少数民族现在大都会说汉语了，不需要开展双语教学了等。从全球范围来看，目前西方的许多发达国家都还在开展双语教学，有的还颁布了单独的双语教育法律法规，以推动双语教育的发展。例如美国，自 1968 年颁布了《1968 年双语教育法》以来，先后对双语教育法进行了几次修改，形成了《1974 年双语教育法》《1983 年双语教育法》《1994 年双语教育法》，把美国的双语教育推向更高发展阶段。从贵州省的试验情况来看，其效果也是非常好的，因此，我们不必要对民族文字双语教学成绩怎样这一问题产生疑问，而应本着实际，实事求是，开拓创新，消除疑虑，缩小分歧，努力把贵州的双语教学开展得有声有色，这才是人们的希望。

第六节　民族文字农村扫盲和双语教学研究

党的十一届三中全会以后，贵州的民族语文工作得到了重新恢复，民族文字在农村扫盲和进行双语教学，都取得了很好的成绩，这一时期，民族文字农村扫盲和双语教学的研究取得了很大的成绩，为民族文字工作提供了理论上的指导，并主要出版了以下一些研究成果。

《贵州双语教学论文集》，贵州省民委民族语文办公室编，贵州民族出版社 1989 年出版。该文集是贵州省恢复民族文字推行工作以来的科学总结，全书分为三个部分，第一部分为1981年推行民族文字以来对实施民族语文政策的分析和理论的阐述，总结、概括和论证民族语文的实际效益及成败的经验、教训，并就民族文字的不足进行深入的探讨；第二部分是民族语文进入学校，主要就双语教学的必要性以及教育过程中的一些问题进行探索，说明了现行的教育体制已经不适应于贵州民族教育发展的需要，以充分的数据论证民族教育必须从民族地区的实际出发，民族教育改革刻不容缓；第三部分是民、汉语文的翻译探讨，随着民族语文在广大民族地区的深入，民、汉语文的翻译问题逐渐凸现出来，这一部分收录的翻译理论、翻译实践，都是这些专家学者长期从事翻译工作的一些经验和体会，对民族语文的翻译工作有借鉴作用。

《贵州民族语文调查集》，贵州省民委民族语文办公室编，孙若兰主编，贵州民族出版社1992年出版。该文集实际上是《贵州双语教学论文集》的续集，它以反映双语教学和农村扫盲的实际情况为宗旨，不以探讨理论问题为主要目的。大抵可以分为两个方面的内容：第一是有关黔东南、黔西南、黔南、六盘水、铜仁、安顺、毕节7地、州、市从地区到部分县（特区）民族人口的分布、民族语言的使用和双语教育情况的调查；第二是有关基层教学第一线的民委、教育部门的民族语文工作及双语教学的总结，包括民语教师、辅导员在教学工作中的经验和体会。

《贵州民族语文研究》，贵州省民族事务委员会民族语文办公室编，张和平主编，贵州民族出版社1993年出版。该文集汇集了贵州省8个地、州、市50多个县（市）自推行民族语文以来的试验总结、调查报告及有关论文。这些资料真实地记录了贵州民族语文工作拓荒创业的艰难历程，对贵州省边远民族地区教育体制改革以及如何尽快地扫除文盲、普及科技文化知识、提高民族素质等进行了广泛的探讨。对双语教学中存在的问题提出了自己的见解，对于贵州省的双语教学起到积极的推动作用。

《文化背景与民族教育》，陈涛著，贵州民族出版社1992年出版。该书收集了作者民族教育研究的文章22篇，涉及贵州省的民族经济、文化、语言、文字、历史、心理素质等各个方面，就文化背景与民族教育的关系、双语教学在民族教育中的作用等问题展开了深入的研究，既有理论意义，也有实践价值。

《贵州少数民族教育研究》（一、二），贵州省教育科学研究所、贵州少数民族教育研究会编，1985年印刷，内部发行。读书分一、二两集，内容除中华人民共和国成立前后贵州少数民族地区的教育情况、少数民族地区发展民族教育与经济的关系、怎样建立贵州的民族教育体系外，还包括了苗文、布依文、侗文、彝文在贵州推行的情况，以及一些双语教学的理论和实践。

《贵州民族语文研究集》，贵州省少数民族语言文字学会、贵州省民族事务委员会编，贵州民族出版社1994年出版。文集收录了贵州省少数民族语言文字学会第一次学术年会的论文43篇，包括语言文字的应用、社会使用情况调查、学校双语教学经验、语言分析语描写、教材读物的编译出版、方针政策的阐释、民族语文与改革开放和发展民族地区经济的关系、音乐艺术的双语教学、外国人学习民族语文的教学问题、世界各国民族语文政策巡视等，对民族语文和双语教学研究，无论是广度还是深度，都有了新的进展，是民族语文工作推行14年来的科学理论总结。

《民族语文在教学中的几个问题》，今旦著，载《贵州民族研究》1984年第3期。本文认为，运用民族文字进行双语教育，对于提高少数民族学生的“三率”所起的作用是非常大的，但由于民族语文双语教育在贵州的民族教育史上还是一个创举，还存在不少问题，如思想认识问题、师资问题、教材教育问题、母语与第二语言的互相干扰问题、先学什么语言问题、组织领导问题等，该文从理论上对这些存在的问题进行了阐述。

《贵州地区双语问题浅探》，今旦、张济民著，载《民族语文》1984 年第 3 期。本文从使用双语的基本情况、双语人的思维特点、双语教育与民族教育三个方面对贵州的双语问题进行了深入的论述，指出推行民族文字，发挥母语的教育作用，是扫除文盲、普及教育、继承和发扬民族文化遗产、提高科学文化和政治道德水平的有效途径。

《浅谈苗汉双语教学问题》，李锦平著，载《贵州民族研究》1986 年第 2 期。本文就苗语和汉语的语音、词汇、语法、修辞等进行了比较研究，回答了学校开设苗文课会影响汉语文和其他学科的学习的质疑，帮助他们提高认识，支持双语教学工作。

《贵州民族语文工作亟待解决的几个问题》，欧亨元著，载《贵州民族研究》1987 年第 1 期。本文认为，贵州民族文字自 1981 年在贵州推行以来，取得了很大的成绩，对发展民族教育、加强民族团结、实现民族平等有着重要的意义，但仍然存在不少问题，如资金、师资、读物等，并就这些问题进行探讨，提出了自己的见解。

《双语教学是发展民族教育的重要途径——对板尧民办小学双语教育的调查》，杨文金著，载《贵州民族研究》1987 年第 4 期。本文对镇宁布依族苗族自治县革利乡板尧民办小学的双语教学进行了深入的调查，阐述了用民族文字在民族地区进行双语教学，其效果是非常好的，建议上级部门要提高认识，加强领导，培训教师，增加拨款，解决教材，使双语教学能正常的在民族地区开展下去。

除此而外，还有一些研究农村扫盲和双语教育的文章，它们从不同的角度对民族文字的农村扫盲和双语教育进行了广泛的探讨，对于构建贵州的双语教育理论有一定的参考价值。

总之，在这一段时期里，民族文字的农村扫盲和双语教育工作不仅取得了很大的成绩，而且，农村扫盲和双语教育的理论研究也取得了很大的成绩，对推动贵州民族文字的农村扫盲和双语教学提供了理论依据，对进一步研究贵州的双语教学提供了理论参考。事实证明，只要我们正确认识语言平等和民族平等的关系，认认真真地贯彻落实党和国家的民族语文政策，遵循语言文字发展的客观规律，正确运用党和国家的民族语文政策来指导贵州的民族语文工作，贵州的民族语文工作就能再上一个新台阶，再创新的辉煌。

第七节　民族语言调查取得丰硕成果

中国共产党十一届三中全会以后，民族工作跨入了一个新的历史时期。1980 年在贵阳召开的“全国民族学首届学术研讨会”，使贵州民族研究工作进入了新的纪元。在贵州省民族事务委员会的重视和支持下，从 1983 年开始，贵州省民族研究所、贵州省民族研究学会先后组织了贵州省社会科学院历史研究所、经济研究所、哲学研究所，贵州民族学院，贵州省博物馆，贵州省民族研究所和中国社会科学院民族研究所等单位的专家学者，分别对贵州的民族文化、经济、语言等进行了深入的调查。民族语言调查就是在这样的背景之下展开工作的，并取得了丰硕的成果，为贵州的民族语言研究工作打下了坚实的基础，得到了国内外学术界的高度评价。

第一，民族语言调查取得了突破性成绩。早在明代，当时在贵州做官的郭子章在其所著的《黔记》里就有少量民族语言词汇的记载。清时，记录贵州少数民族语言的资料逐渐地增多，例如田雯在他的《黔书》里就有少量的记载："拔，父也，一曰罢。蒙，母也，一曰明。的，孩也。努介，食食也，一曰侬。忽往，饮酒也，一曰呵交。努拟，食肉也。呵巴，饮茶也。呵应，食烟也。赛，米也。歹，火也。沱，火也。翁，水也。大送，舂米也。介，鸡也。拜，豕也。拟，牛也。一曰讹。商讹，放牛也。麻，马也。条汉，人也。雅奔条，不识汉语也。雅务，不好也。雅道，不得也。雨曰 娄。……"到了民国时期，一些民族学家在进行民族实地调查时，也记录了一些苗语词汇。例如童振藻的《黔苗近况述要及调整纲要》引《安顺府志》卷十五《地理志》载：

汉语	白苗语	仲家语
一	伊罗	矮
二	坳罗	喜否
三	包罗	区
四	褒罗	配
五	别罗	派
六	兜罗	驮
七	香罗	伊
八	易罗	意果
九	甲罗	摇
十	故罗	积

甚至有的志书，还专门把苗语记录在案。如《修文县志稿》就曾记录和收集了本县苗语的情况，其载道：

白苗

父——举 母——赖 祖母——薄 吃早饭——捞猜 吃午饭——捞校 晚饭——捞摸 吃饭——捞英 吃菜——捞柔（去声） 吃肉——捞岩 吃酒——候（平声）鸠 衣服——操 鞋——孔 裤——的 猪——扒 羊——此 狗——勒（上升） 马——能 锄——搜 舅子——郎 豆腐——豆棒（下平） 一——宇罗 二——袄罗 三——别罗 四——楼罗 五——嘴罗 六——周罗 七——香罗 八——雨罗 九——夹罗 十——苟罗 十一——把罗 十二——产罗 打牛——镂略 杀鸡——打戛 ……

花苗

天——罗 地——得（上）日——殴（入）落（上） 月——榜星 父——哉 母——滥 男——之能现 女——玉踝多 公——解 奶——阿布 伯——楷娄 叔——只 兄——果果 弟——沽沽 食饭——捞抓（上）吃酒——后（平）哉 吃肉——捞岩 马——耿（入）牛——略 羊——刺 鸡——改 犬——勒（上） 豕——妈 头——垢 身——姐 手——得 足——呆 麦——貌 黍——墨 谷——勒 米——粘 金——果 银——夹 铜——董（入）铁——口（平） 布——楼 麻——唾 棉——榜 瓢——夫 甑——作（平） 杯——考 箸——代 山——倒 火——歹（入） 雷——所故 云——化 风——卡（平）雾——花（上）……

青苗

吃午饭——陇耸 吃早饭——陇铁（去） 吃晚饭——陇猛 吃菜——木大（平）窝 镰刀——打（平）镰 鸡——夺皆 母——卖 父——败（平） 天——东董 地——打那 日——上董 月——勒杠 星——拱 风——等错 雪——等兵 雨——浪 霜——改打 雾——翁不楼 雹——浪捞 电——烧捻 冰——等空 山——那摆 洞——空 河——那私 沟——那杠 路——戛消 园——六亡 房子——六摆 祖——路簸 奶——路埋 伯——簸消 伯母——卖削 叔——簸亚 叔母——卖亚 大兄——姑挑 大——消 弟——狗 男——都阴 女——得播 死——夺 生——六小——盲 有——猛 来——闹 去——孟头——得产 眼——得孟 耳——更表 口——等足一——恩隆 二——弯隆 三——巴隆 四——石隆 五——比隆 六——赌隆 七——长隆 八——雨隆 九——脚隆 十——哭隆 ……

八寨（清镇）苗族

二——阿乃 三——者乃四——老乃 五——比乃 六——刁乃 七——手乃 八——尤乃 九——鸠乃 十——靠乃 白——板乃 千——茶乃 万——以往 父——抱 母——赖 哥——得罗 弟——敢罗 天——歹 地——得 山——刁 河——哉伯——抱首 ……

但所有这些，都是用汉语记的，不能准确地表达苗语的语音，对苗语研究起不到什么作用。而20世纪80年代以后所组织的民族语言调查，从各民族语言的特点出发，运用科学的方法记录了各个民族语言的语音、词汇、语法等，并对语音、语法的特点进行了深入的分析，取得了较大的成绩，对语言研究提供了比较丰富的材料，如《贵定仰望苗语调查》《苗语革东话调查》《安龙县龙山布依族话音位系统调查》《黎平县永从乡九龙村侗语调查》《大方彝语调查》《仡佬语方言土语划分调查》《荔波县洞流水语调查》《月亮山地区瑶语调查》等。

第二，民族语言的调查对即将消失的语言具有重要的意义。根据报道，目前全世界每天都有一种语言在消失，这不仅是这个民族的损失，也是人类的损失。语言的消失带来的是文化的消亡。在贵州，民族语言种类繁多，被誉为是语言的富矿，但是，随着文化交流的增多，一些弱势语言正逐渐被主流语言所取代，使其处于一种消失状态。因此，民族语言的调查，对于抢救一些即将消失的语言意义非常重大。

第三，民族语言的深入调查，为广大的语言学者研究贵州的民族语言提供了丰富的第一手资料。民族语言调查工作从开始，就一直不间断地进行着，直至今天。在这个跨度大、时间长的调查工作中，记录了大量的民族语言材料，并于2009年结集出版了《贵州六山六水民族调查资料选编·民族语言卷》。这些民族语言资料都是经过仔细的民族语言田野调查所获，资料都来自于第一线，而且，这些资料都是来自于民族语言专家学者之手，在记录上均采用国际音标，确保资料的忠实性。各种语言的调查，除了语音、词汇、语法以外，有的还对该语言的语言之间的关系进行了比较，找出了它们的对应规律和演变规律，且附上较多的语言词汇，为人们进一步研究贵州少数民族的语言提供了忠实而丰富的第一手资料。

民族语言调查的历时较长，跨度较大。从我们所掌握资料来看，贵州的民族语言调查工作最早起自1984年，最晚止于2004年，前后约20年时间。从中我们可以看到，民族语言调查是民族调查的一个重要组成部分，是民族语言研究的基本过程。通过对少数民族语言不同时期不同方言土语的调查，可以从空间和时间的变异比较中总结出这种语言的变化规律。

众所周知，语言是在不断发展变化的，如果不及时记录下来，后人就无法知道语言历史资料，对语言发展和演变的研究是很不利的，就如同现在我们无法精确地知道古代苗语的真实面貌一样。因此，民族语言调查能够把当前的语言事实通过调查记录下来，对以后的深入研究具有重大的作用。

世居贵州的很多少数民族在其他省份也有分布，如苗族、侗族、彝族、瑶族等，由于地域环境的差异，语言上也有一定的差别。民族语言调查所收集到的这些语言资料，是居住在贵州省境内雷公山、大小麻山、武陵山、乌蒙山、云雾山、月亮山及都柳江、清水江、乌江、北盘江、南盘江等“六山六水”的民族的语言资料，具有较强的地域特点。

第四，这些民族语言资料，对研究各民族的文化提供了可靠的依据。语言是一种社会文化现象，是文化的代码。语言不能离开文化而存在，文化要通过语言来传递，语言的历史和文化的历史是相辅而行的。一个民族的文化跟所谓思想方式全是手和发音器官联同创造出来的，可见，语言与文化的关系是比较密切的。民族语言调查所记录的语言资料，对于人们研究他们的文化现象提供了珍贵的语言资料。

第五，这些语言材料，对于研究贵州各民族之间的关系史有重要的参考价值。长期以来，我们研究贵州的民族关系史仅局限在汉文文献的资料上，很少触及各民族语言的相互借用问题。例如，对汉族的称谓，苗语中不同的方言和土语均不相同，有的称为“撒”，有的称为“务”，有的称为“夺”等等。如果我们进行深入的研究，就会发现苗族和汉族之间的一些历史关系。因此，民族语言调查的材料，为我们提供了研究贵州民族关系史在语言上的缺陷，对于促进各民族群体和个体的自我认同，并推动他们之间的和睦相处，其意义也是不可低估的。

民族语言调查取得的成绩是有目共睹的，但是，由于各个方面的原因，民族语言的调查工作仍有一些不足，主要体现在以下几个方面：

第一，调查比较集中于几个大的民族。贵州是一个多民族的省份，在贵州的少数民族中，除了一些民族已经转用汉语交际以外，大部分少数民族都用自己的母语作为日常的交际工具，民族语言丰富多彩。然而从我们掌握的资料来看，民族语言的调查主要集中在苗语、布依语、侗语、彝语、仡佬语、水语这些语言的调查上，一些小语种的调查没有体现，如毛南语、畲语、壮语等等。

第二，语言点比较少。民族语言调查虽然时间比较长，跨度比较大，但由于各方面的原因，调查的语言点比较少，从《贵州六山六水民族调查资料选编·民族语言卷》所收集的资料来看，苗语点 5 个、布依语点 1 个、侗语点 4 个、彝语点 1 个、仡佬语点 4 个、水语点 3 个、瑶语点 2 个。在这些语言点中，除了仡佬语基本上全面外，其他的民族语言调查应该才算开始，例如彝语。

第三，调查不够系统。从所掌握的资料来看，调查不够系统。众所周知，每一种语言都有其自身的特点，而且都在随着时间地流逝而不断地发展。各种语言中的方言或者土语，都有与标准语相同的成分，也有不同的成分。系统的语言调查，不仅能体现各种语言标准语与方言土语之间的关系，帮助我们深入的了解和研究各种语言的方言土语，还能够帮助有文字的语言进行双语教学等等。

为此，我们认为，要搞好贵州民族语言的调查工作，必须从以下几个方面入手：

第一，认清民族语言调查工作的重要意义。贵州是一个民族语言的富矿（例如苗语的三大方言在贵州都有分布），然而，随着社会的发展和文化的交流，各民族语言不同程度地受到了影响，有的民族语言正在走向衰亡，这不仅是一个语言消亡的问题，而且是一个文化消亡的问题。正如李晋有同志所说："弱势语言一旦消亡，语言中积存着和蕴藏着的文化现象也将随之消亡，到时候再想回过头来抢救、收集那些民族语言将成为一件永远不可能实现的憾事。这既是使用该语言的群体的损失，也是人类财富的损失。"因此，我们要充分认识到这一工作的重要性，把民族语言的调查工作当成当前民族研究工作的主要任务来抓。充分发挥各科研单位、大专院校等科研人员的作用，制订调查规划，把贵州省少数民族的语言调查清楚，为子孙后代留下一份宝贵的民族语言文化遗产。

第二，增加调查经费，确保调查开支。据了解，现在所进行的语言调查，都是从"六山六水"调查经费里统一开支，每年只有一个语言调查点，这是造成贵州的民族语言调查分散、不系统的主要原因之一。因此，我们必须把民族语言调查当作最重要的工作任务来完成，把调查经费列入财政预算，统一管理，统一开支。有钱了就好做事。通过三到五年的工作，把贵州的民族语言调查工作推上一个新的台阶。

第三，努力做好民族语言科研人员的培养工作。民族语言的调查研究工作和其他的工作一样，具有延续性，不是今天我们调查完了以后就万事大吉。随着社会经济的进一步发展，我们要注意民族语言科研人员的培养，各高等院校特别是民族高等院校，更要注意这方面人才的培养，用发展观的理念来培养民族语言的科研人才，使民族语言科研工作后继有人，使民族语言的科研工作取得更大的进步。

总之，只要我们用发展的眼光来看民族语言的调查研究工作，贵州的民族语言的调查研究工作一定能得到更大的发展。

第八节　积极配合国家对苗文、布依文、侗文的论证验收

1991 年 6 月，国务院《批转国家民委〈关于进一步做好少数民族语言文字工作〉的通知》（国发〔1991〕32 号）指出："对五十年代创制和改进的民族文字，试行效果好、受多数群众欢迎的，按规定程序上报批准推行……"目前贵州省正在推行的少数民族文字，有苗文（黔东方言、川黔滇方言、滇东北方言、湘西方言）、侗文、布依文和彝文。在这几种少数民族文字中，除彝文是古老的文字外，其余的文字都是 20 世纪 50 年代创制的。它们虽然在"文革"期间遭到推行的厄运，但"文革"以后，在党的民族语文政策的光辉照耀下，贵州少数民族语文的推行工作取得了骄人的成绩。从农村扫盲到进入学校进行双语教育，从中等专业学校招生到高等院校教育，形成了"一条龙"式的教育教学体制。但是，由于少数民族文字长期以来一直处于"试行"阶段，即使试行效果再好，也不能纳入正规的教学程序，少数民族文字长期被边缘化。该通知的发出，对促进贵州少数民族语言文字的工作起到了积极的作用。1994 年 12 月，贵州省民族事务委员会以报告的方式呈国家民族事务委员会，认为贵州省正在试验推行的苗文（川黔滇方言苗文和滇东北方言苗文由云南省验收，湘西方言苗文由湖南省验收）、布依文、侗文经过 30 多年的试验推行，效果显著，并广泛运用于政治、经济、文化教育、新闻出版、广播影视、文学艺术等各个方面，对提高各少数民族人民的科学文化水平，宣传党的各项方针政策，促进各民族的经济和文化发展起到了积极的作用，深受群众的欢迎，要求对这 3 种文字进行总结验收。

1995 年，贵州省人民政府根据国务院的通知精神，结合贵州省苗文、布依文、侗文几十年来的推行试验情况，认为这 3 种少数民族文字已经具备正式推行的条件，可以“按规定程序上报批准推行”。于是，在中共贵州省委、贵州省人民政府的领导下，成立了贵州省苗族、布依族、侗族文字论证验收领导小组办公室，顾问由梁旺贵（侗族，省人大常委会副主任）、李仁山（苗族，省人大常委会副主任）、王思明（布依族，省政协副主席）兼任，组长由胡贤生（苗族，贵州省人民政府副省长）兼任，副组长由李克强（贵州省人民政府副秘书长）、潘万洪（侗族，贵州省民委副主任）、金正宇（回族，贵州省教委副主任）兼任，成员有罗德成、张继泽、张和平、覃绍英、杨昌才、黄在炀、黎俊敏。领导小组办公室设在省民委内，由张和平任办公室主任，覃绍英任副主任。领导小组的成立，标志着贵州省少数民族文字工作一段新的旅程的开始。

领导小组成立以后，为了配合国家民族事务委员会和中国社会科学院对苗文、布依文、侗文的验收，积极开展了各方面的工作。首先，向要验收的 3 种文字所推行的地（州）、县及相关单位发出了《关于做好苗、布依、侗族三种民族文字论证验收工作的通知》（黔族（语）发〔1995〕1 号）的通知，要求各地（州）统一思想、提高认识，拟订计划、落实措施，通力合作、扎实工作，以卓有成效的工作迎接国家民族事务委员会和中国社会科学院的验收。各相关地（州）根据这一通知精神，先后成立了黔东南州苗族侗族检查总结验收筹备领导小组、黔南州布依族文字检查总结论证验收筹备领导小组、黔西南布依文论证验收工作领导小组。各领导小组都有一名副州长亲自抓该州所属文种的调查研究工作和实施计划，并按计划呈报贵州省人民政府。由于领导得力，工作方法得当，各地都按时、保质保量地完成所属地文种的调查研究工作和呈报工作。

其次，积极召开各文种的专家论证座谈会，邀请相关单位的语言文字专家对 20 世纪 50 年代创制的苗文、布依文、侗文进行论证。1995 年，由贵州省民族事务委员会牵头，在贵阳召开了苗、布依、侗 3 种文字的专家座谈会。3 种文字的与会专家经过充分的论证，一致认为，这 3 种文字经过几十年的推行试验，效果是好的，现行文字是成功的，3 种文字都具有系统清晰、表音准确、字形美观、书写方便、易学易懂、适用性强的特点，是苗族、布依族、侗族人民喜爱的具有现代文字先进性和科学性的文字，深受各族群众的欢迎，已广泛的运用于政治经济、文化教育、新闻出版、文学艺术等各个领域，对提高各族人民的文化素质、宣传党的各项方针政策、繁荣民族经济、促进民族团结发挥了重要的作用，并一致要求国家对贵州当前正在推行的苗文、布依文、侗文进行总结验收，批准正式推行。有了专家们的意见，对推动申请苗文、布依文、侗文的总结验收工作打下了坚实的基础，进一步加快了验收工作的步伐。

第三，召开 3 种文字使用地区相关州、县民委领导及各文种双语教学点负责人会议，部署总结验收的各项工作。1994 年 12 月，在贵阳召开了“贵州省民委苗族、布依族、侗族文字工作会议”，与会人员包括 3 种文字使用地区相关州、县的民委领导及各文种双语教学点的负责人。会上，省民委主任苏太恒作了《总结经验，再接再厉，把民族语文工作不断推向前进》的报告。该报告要求各州、县民委领导，及各文种双语教学点的负责人要统一思想、提高认识，拟订计划、落实措施，依据程序、及时报批，加强领导、通力合作，认真做好各方面的准备，迎接国家的验收。省民委副主任潘万洪作了《巩固成果，再创佳绩，把我省民族语文推上新台阶》的报告。该报告总结了贵州省民族语文 30 多年来的工作情况，指出贵州省现行的苗文、布依文、侗文自20世纪50年代创制以来，特别是十一届三中全会以来，经过拨乱反正，试验推行工作取得了很大的成绩。贵州省的民族语文工作，不管是在农村扫盲还是进入学校进行双语教学，都取得了很好的成绩，而且还促进了民族地区经济、文化的发展。报告要求各州、县民委，各文种双语教学点要深入宣传，突出重点，建立机构，落实经费，集中力量做好验收的准备工作。这次会议的召开，协调了各单位之间的关系，提高了对苗文、布依文、侗文总结验收工作的认识，使各地的工作有条不紊的开展，保证了3种文字验收工作的顺利进行。

第四，组织考察团，到省外学习取经。为了迎接国家对苗文、布依文、侗文的论证验收，贵州省民族事务委员会于1995年2月组织了“贵州民族语文学习考察团”到云南学习考察。经过这次考察，开阔了视野，增长了见识，学得了经验。为迎接国家民族事务委员会和中国社会科学院对贵州省的苗文、布依文、侗文的验收赢得了时间。

第五，积极配合国家民族事务委员会语文室和中国社会科学院民族研究所的专家学者，对苗文、布依文、侗文的试验推行工作进行调查总结。1995年，为了贯彻落实国务院〔1991〕32号文件精神，执行国家“八五”计划哲学社会科学重点研究课题和国家民族事务委员会对新中国成立以来少数民族新创文字的试验推行工作调查总结的工作部署，国家民族事务委员会语文室、中国社会科学院民族研究所与贵州省民族事务委员会民族语言文学办公室，在贵州省苗族、布依族、侗族新创文字论证验收工作领导小组的领导下，组成了黔东方言苗文小组、川黔滇方言苗文小组、布依文小组和侗文小组，于1995年9月，开始对苗文、布依文、侗文的试验推行工作进行调查总结，对川黔滇苗文试验推行工作进行补充调查。

调查组从社会语言背景、各文种文字方案的形成和修改、各文种试行的情况和效果、社会各界对各文种的评价和反映、试行工作的主要经验等方面，通过搜集有关资料、座谈、访问、现场测试、问卷调查等方式，深入到基层进行细致的调查，在搜集到大量材料的基础上，写出了《关于贵州省苗文、布依文、侗文试验推行工作总结情况的汇报》（以下简称《汇报》）。《汇报》认为，“苗族、布依族、侗族干部、群众中的多数人，各州、县的党政领导，都迫切需要报请国务院批准黔东苗文、布依文、侗文为正式推行文字。”“黔东苗文、布依文、侗文如果能够由试验推行转为正式推行，民族文字的学习和使用将会登上一个新的台阶，民族语文工作将会开创新的局面。这对苗族、布依族、侗族人民文化科学素质的提高，对民族地区的改革、开放、经济建设和社会全面进步，对民族团结和社会稳定，都会进一步起到促进作用。黔东苗文、布依文、侗文正式推行的时机已经成熟。建议省领导小组提请省人民政府按照国家规定的程序上报国务院批准正式推行。”

在此基础上，1995年8月，黔西南布依族苗族自治州人民政府向贵州省人民政府呈报了《关于报请国务院对建国后创制的布依文进行论证验收的请示》；1995年10月，黔南布依族苗族自治州人民政府呈报了《黔南州人民政府关于请求将布依族文字上报国务院审批为正式推行文字的请示》；1995年12月，黔东南苗族侗族自治州人民政府呈报了《关于报请审批黔东苗文、侗文为正式推行文字的报告》。3个报告都从各自所辖的民族文字使用情况出发，对民族文字的使用所取得的成绩给予了充分的肯定，并请求审批为正式推行文字。

1995年12月，贵州省民族事务委员会向贵州省人民政府呈报了《关于报请审批苗文布依文侗文为正式文字推行的报告》。1996年1月，贵州省人民政府先后以黔府呈〔1996〕1号、黔府呈〔1996〕2号、黔府呈〔1996〕3号三个文件，向国务院呈报了《贵州省人民政府关于报请审批侗文为正式推行文字的请示》《贵州省人民政府关于报请审批布依文为正式推行文字的请示》《贵州省人民政府关于报请审批苗文为正式推行文字的请示》。至此，在省领导小组的领导下，贵州省苗族、布依族、侗族的论证验收工作圆满结束。

国家对贵州省的苗文、布依文、侗文的论证检查验收，体现了党和国家对贵州省现行的苗文、布依文、侗文的关心和重视。众所周知，我国是一个统一的多民族的国家，语种多、文种多是中国的基本国情。自新中国成立以来，党和国家就非常重视民族语文的工作，制定了一系列民族语言文字的方针政策和法律法规，把民族语言文字的使用写入了《宪法》和《民族区域自治法》里。实践表明，只要我们有党的正确领导，有法律法规作为推行民族文字的法律保障，有一批专家学者和热爱自己民族语言文字的人民作为基础，相信在不久的将来，苗文、布依文、侗文将会登上一个更新的台阶。

第六章　贵州民族语文工作新时期（1997～2009）

到20世纪90年代后期，即在新创或改革的民族文字通过国家验收后，贵州民族语文工作进入了一个新时期。这一时期的主要工作特点是：开展双语教学，编写、出版民族语文教材和读物，整理研究民族古籍，保护、抢救民族语言。

第一节　双语教学工作迅速发展

一、国务院、省委省政府对双语教学工作的政策支持

民汉双语教学的开展，必须具备一个前提，即有能胜任此项工作的、民汉语言兼通的师资力量。因此，这一时期双语教学工作的迅速发展主要表现在双语师资的培养、培训上。这项工作也同国务院、省委省政府的高度重视是分不开的。

2002年7月7日，国务院颁发《关于深化改革加快发展民族教育的决定》明确要求："大力推进民族中小学双语教学。正确处理使用少数民族语授课和汉语教学的关系，部署民族中小学双语教学工作。在民族中小学逐步形成少数民族语和汉语教学的课程体系……要把双语教学教材建设列入当地教育发展规划，予以重点保障……国家对双语教学的研究、教材开发和出版给予重点扶持。要尊重和保障少数民族使用本民族语文接受教育的权利，加强民族文字教材建设，编译具有当地特色的民族文字教材，不断提高教材的编译质量。要把民族文字教材建设所需经费列入教育经费预算，资助民族文字教材的编译、审定和出版，确保民族文字教材的足额供应。"

2002年7月30日，贵州省第九届人大常委会第二十九次会议通过《贵州省民族民间文化保护条例》。该规定第三十条指出："中小学应当将优秀的民族民间文化作为素质教育的内容；少数民族地区的教育机构可以用少数民族语言文字进行双语教学；有条件的高等院校可以开设民族民间文化课程，培养民族民间文化的专门人才。"

2002年10月8日，贵州省教育厅、贵州省民宗委联合发布《关于我省各级各类学校开展民族民间文化教育的实施意见》，指出："在不通晓汉语的少数民族聚居地区，要认真坚持开展双语教学。有条件的地方，应将双语教学逐步提前到学前教育阶段实施，使这些地方的少数民族学生既能在日常生活中用本民族语言交流，又能使用普通话顺利地完成学业。各级教育行政部门在制订教师培养培训计划中，要把对民族地区双语教师的需求作为重点来考虑，制订长期的培养培训计划。要组织力量对本地双语教学进行专门研究，不断提高双语教学的质量。"

2004年5月21日，贵州省教育厅、贵州省民宗委《关于印发〈贵州省双语教学研讨会〉会议纪要的通知》指出："要深入研究省情和我省民族教育的实际，提高认识，统一思想，

把加强民族地区双语工作作为提高民族地区中小学教学质量，实现民族平等，促进民族地区经济繁荣和社会进步的重要工作，常抓不懈；要进一步摸清民族双语教学现状，分语种和地区制定相应的教学和考核标准，保证双语教学质量；要合理调控民族教育经费，将民族教育经费重点用于双语教学、民族民间文化进课堂、民族地区农村实用技术传授等方面。”

2005 年 5 月 11 日，国务院通过《〈中华人民共和国民族区域自治法〉若干规定》，其中第二十二、二十四、二十五条规定：“国家保障各民族使用和发展本民族语言文字的自由，扶持少数民族语言文字的规范化、标准化和信息处理工作……国家鼓励民族自治地方逐步推行少数民族语文和汉语文授课的双语教学，扶持少数民族语文和汉语文教材的研究、开发、编译和出版，支持建立和健全少数民族教材的编译和审查机构。帮助培养通晓少数民族语文和汉语文的教师……国家支持少数民族新闻出版事业发展，做好少数民族语言广播，电影、电视节目的译制、制作和播映，扶持少数民族语言文字出版物的翻译、出版。”这无疑极大地鼓舞了贵州双语教学工作者的信心。

2005 年 9 月 21 日，中共贵州省委、贵州省人民政府《关于进一步加强民族工作加快少数民族和民族经济社会发展的意见》要求：积极帮助民族地区培养通晓少数民族语文和汉语文的双语教师，因地制宜推行双语教学。从 2006 年起，省级财政设少数民族教育专项补助资金 1000 万元，用于解决双语教师培训及教材编写等民族教育发展中的特殊问题。省财政对省少数民族语言文字办公室等公益性文化事业单位实行全额预算管理。

2005 年 9 月 23 日，贵州省十届人大常委会第十七次会议通过《贵州省实施〈中华人民共和国民族区域自治法〉若干规定》指出：“上级国家机关应当对民族自治地方举办双语教学的学校或者班级给予扶持帮助，重视培养少数民族双语教师队伍。”

2008 年 5 月 12 日，省长林树森在省政府第一次民族工作联席会议上指出：“要加大对少数民族地区双语教育的支持力度，使少数民族不但能够更好地融入中华民族这个大家庭，更使少数民族的语言文化能够得到更好的传承。”

2008 年 10 月 28 日，在全省第六次民族团结进步表彰大会上，省委书记石宗源指出，要因地制宜在不通晓汉语的民族地区开展少数民族语文和汉语文“双语”教育，加大双语教师培训力度。

国务院、省委省政府颁布的上述法律法规、文件及有关领导的重要讲话，为双语教学工作的开展指明了方向，提供了政策支持。

二、双语师资培训工作蓬勃开展

在党和政府的大力支持下，贵州双语师资培训工作蓬勃开展起来。

2004 年 11 月 29 日～12 月 17 日，由省教育厅、省民宗委主办，贵州民族学院承办的“全省双语师资管理干部培训班”在贵州民族学院民族文化学院开班。这是新时期贵州首届双语师资培训班。该班共招收学员 25 人，来自黔东南、黔南、黔西南、六盘水市、安顺市、毕节地区、铜仁地区 7 个地、州、市，大多是承担双语教学任务的小学教师，其中男教师 21 人，女教师 4 人，年龄最大的 45 岁，最小的 21 岁，民族成分包括苗族（14 人）、布依族（7 人）、彝族（4 人）。开设的课程有：中国的民族理论与政策、民族教育政策概述、贵州少数民族教育的现状及发展、民族区域自治制度、双语教育、教育与科技发展、教育心理学、世界双语教学情况、远程教育与教育现代化、贵州少数民族历史文化知识、民族宗教问题、民族教育的教材改革与师资队伍建设、贵州少数民族语言文字概况等。学习期间学员还到台江县番省小学进行双语教学观摩。通过观摩，学员们对双语教学和民族文字的推行工作有了新的认识，进一步坚定了传承、保护民族民间文化的信心，学习民族语文的兴趣大大提高了。这次培训班的成功举办，也为今后双语师资的培训工作获取了经验。

2005年11月7日～17日，由省教育厅民教处主办，省民委文教处、语文办联办，贵州民族学院民族文化学院承办的“苗（黔中方言）汉双语师资培训班”开班，来自黔东南、黔南两个自治州14个县市的47名教师参加了此次培训。这些学员都是在苗语方言区承担双语教学任务的学前或小学低年级教师，其中男性37人，女性10人，年龄最大者51岁，最小者21岁，除苗族教师外，还有侗族、瑶族、畲族、水族教师各1人。开设的课程有：中国的民族理论与政策、民族教育政策概述、苗族历史文化、苗族语文概况、苗汉翻译、苗语声韵调规律、苗语构词法、苗语词类、双语教育理论、黔东苗语声韵调、双语教学情况介绍、苗文讲读等课程。多民族教师共同参加培训，既提高了业务素质，又促进了各民族的交流。

2006年5月21日～28日，国家教育部语用司、国家民委文宣司组成专家组在贵州松桃、雷山、凯里、镇宁以及贵州民族学院进行了深入细致的调研。专家组与当地群众、教师、学生、语文工作者及地方领导进行了座谈，充分了解到当地的语言使用情况及人民群众学习普通话、民族语言的迫切愿望。同年6月初，国家教委、国家民委委托贵州省教育厅、贵州省民委举办暑期培训班。为此，贵州省教育厅办公室和贵州省民族事务委员会办公室联合下发《关于举办贵州省第一期少数民族双语教师普通话和民族语言培训班的通知》。《通知》对培训原则、培训目的及要求、培训方式、培训对象、培训时间及地点、使用教材、培训内容、名额分配等都做出了明确规定。各地州、县领导高度重视这项工作，及时选送有关人员参加了此次培训。2006年8月4日～24日，“第一期少数民族‘双语’教师普通话和民族语言培训班”在贵州民族学院民族文化学院举办。本次培训班共招收学员98人，全部来自黔东南苗族侗族自治州和铜仁地区，遍布28个县市。黔东南苗族侗族自治州学员占80%，铜仁地区占20%。其中男性61人，女性37人；本科学历1人，大专49人，中专45人，中技2人，初中1人；小学教师96人，初级中学教师1人，教学点1人；苗族48人，侗族37人，土家族6人，水族2人，汉族2人，畲族1人，瑶族1人，壮族1人；年龄最大者50岁，最小者19岁。开设的课程有：普通话声韵调、民族语言、民族理论、民族文化。经过近20天的培训，学员们普通话水平普遍得到提高。开班前进行了普通话摸底测试，二甲1人，二乙20人，三甲52人，三乙24人，不入级1人；结业时又做了测试，二甲上升到7人，二乙56人，三甲35人。

2006年11月13日～25日，由省教育厅民教处、省民委语文办主办，贵州民族学院民族文化学院承办的“全省侗汉双语师资培训班”开班。本期培训班学员来自黔东南苗族侗族自治州的黎平、从江、榕江、锦屏、剑河、天柱、三穗等县，是在该州承担侗汉“双语”教学任务的学前及小学低年级教师。学员共计37人，其中男性22人，女性15人，年龄最大的43岁，最小的24岁。开设的课程有：中国的民族理论与政策、民族教育政策概述、侗族历史与文化、侗族语文概况、侗汉翻译、侗语声韵调规律、侗语构词法、侗语词类、双语教育理论、双语教学情况介绍、侗文讲读等。培训中期还组织学员到贵阳市花溪小学参观学习和进行教学研讨。

2007年7月17日，为期20天的“贵州省第二期‘双语’教师普通话培训班”在黔南布依族苗族自治州首府都匀市举办。此次培训班学员共100人，全部来自黔南、安顺两个地区（州）。

2007年11月7日～27日，由省教育厅民教处主办，贵州民族学院民族文化学院承办的“全省苗汉双语师资培训班”开班。本期培训班学员来自黔东南的黎平、从江、锦屏、剑河、天柱、三穗、黄平、台江、麻江、施秉、雷山、丹寨、凯里经济开发区和黔南的惠水、长顺、都匀、罗甸、福泉、龙里、荔波、贵定、平塘等县，是在这两个自治州承担“双语”教学任务的学前及小学低年级教师。学员共计89人；其中男性73人，女性16人，年龄最大的56岁，最小的24岁。开设的课程有：中国的民族理论与政策、民族教育政策概述、苗族历史与文化、苗族语文概况、苗汉翻译、苗语声韵调规律、苗语构词法、苗语词类、双语教育理论、双语教学情况介绍、苗文讲读、民族文化进课堂、师德师风教育等。后期还组织学员到贵阳市花溪区高坡乡云顶小学参观学习和进行教学研讨。

2007年11月8日，“贵州省双语教学培训基地”在贵州民族学院正式挂牌。这标志着贵州双语师资的培训工作开始进入常规化，制度化。

2007年12月3日～16日，由省教育厅民教处主办，贵州民族学院民族文化学院承办的“全省侗汉双语师资培训班”开班。学员来自黔东南苗族侗族自治州的黎平、从江、榕江、锦屏、三穗、镇远等县，都是承担侗汉双语教学工作的学前及小学低年级教师。学员共计58人，其中男性35人，女性23人，年龄最大的54岁，最小的23岁。开设的课程有：中国的民族理论与政策、民族教育政策概述、侗族历史与文化、侗族语文概况、侗汉翻译、侗语声韵调规律、侗语构词法、侗语词类、双语教育理论、双语教学情况介绍、侗文讲读、民族文化进课堂、师德师风教育等。

2008年7月8日，由省教育厅、省民委主办，贵州民族学院民族文化学院承办的“贵州省苗（西部方言）汉双语教师培训班”开班。贵州省民委副主任刘晖、贵州民族学院党委书记高万能、副院长刘胜康、杨昌儒等领导参加了开班典礼并讲话。共有101名来自基层的教师参加了本次培训，他们分别来自毕节、黔西南、黔南、六盘水、遵义、贵阳等州、地、市。开设的课程有：贵州民族教育概况，民族理论与民族政策，民族教育政策概述，民族语言文字政策与实践，民族语文工作概况，课堂中的沟通与交流，课堂中的教育教学公平，科技与教育，苗语声、韵、调、语法、词汇、课文等。

2008年8月5日～19日，由省教育厅、省民委主办，贵州民族学院民族文化学院承办的“全省彝汉双语师资培训班”开班。学员来自毕节地区、六盘水市、黔西南布依族苗族自治州3个地、州、市，共计97人。开设的课程有：贵州民族教育概况，民族理论与民族政策，民族教育政策概述，民族语言文字政策与实践，民族语文工作概况，课堂中的沟通与交流，课堂中的教育教学公平，科技与教育，彝语声、韵、调、语法、词汇、课文等。

2009年6月28日，由省教育厅、省民委主办，贵州民族学院民族文化学院承办的“贵州省布依汉双语师资培训班”开班。省民委副主任刘晖及贵州民族学院有关领导出席开班典礼。本期培训班学员来自黔西南布依苗族自治州、黔南布依族苗族自治州、安顺市、六盘水市、毕节地区、贵阳市，都是承担双语教学任务的学前及小学低年级教师。学员共计88人，其中男性55人，女性33人，年龄最大的70岁，最小的21岁。开设的课程有：中国的民族理论与政策、民族教育政策概述、布依族历史与文化、布依族语文概况、布依汉翻译、布依语声韵调规律、布依语构词法、布依语词类、双语教育理论、双语教学情况介绍、布依文讲读、民族文化进课堂、师德师风教育等。学习期间还组织学员到贵阳市花溪区青岩镇参观学习，并举行布依语演讲比赛。

2009 年 7 月 18 日，由贵州省教育厅、贵州省民委主办，贵州民族学院民族文化学院承办的"全省第二期彝汉双语师资培训班"开班。贵州省民委副主任刘晖、民委语文办主任吴沛常等同志参加了开班典礼。学员来自毕节、六盘水、黔西南布依族苗族自治州 3 个地、州（市），共计 98 人，都是长期从事低年级彝汉双语教学工作的教学骨干。

2009 年 8 月，"第三期小学教师普通话培训班"在贵州民族学院开班。学员有来自各地州市的小学教师 100 多人。同一时间，黔西南州民宗局、教育局、旅游局、行政学院联合举办了为期 10 天的"布依文培训班"，学员来自全州 8 个县市，共计 80 多人。

2009 年 9 月，黔西南州望谟县民宗局、教育局联合举办了一期"布依语文培训班"，学员是来自全县的小学教师，共计 100 余人。

2009 年 10 月 27 日～29 日，黔东南苗族侗族自治州雷山县举办"'双语和谐'示范区学员培训班"。贵州省民委党组成员、副主任刘晖、国家民委文宣司语文室主任李旭练、贵州省语委办主任邱富常、贵州省语文办主任吴沛常等出席开班典礼。

上述历次培训班的举办，都得到了贵州省教育厅、贵州省民委和有关部门的大力支持，充分体现了党和国家对民族语文工作的关心和支持。它标志着贵州双语教学工作，尤其是双语师资的培训工作提高到了一个新的高度。

三、对新时期双语教学工作的思考

贵州民汉双语教学工作始于 20 世纪 50 年代末期，80～90 年代有了进一步发展。进入 21 世纪后，以 2002 年 7 月国务院颁布的《关于深化改革加快发展民族教育的决定》为契机，贵州双语教学工作步入了一个全新的阶段。这主要表现在：各级政府对双语教学工作的认识提高了，比以往任何时候都更加重视这项工作；经费投入增加了，配有专项资金支持；参与双语教学工作的人数增多了，不仅有基层双语教师、民委战线语文工作者的参与和组织，而且有教育行政部门及高校研究人员的参与；双语师资培训工作渐渐常规化、基地化；双语教材编译逐渐规范化、系统化；双语教学班（点）取得的效果好于过去。

然而发展到今天，双语教学工作仍然存在许多问题，面临许多困难。

第一，民族语言社会功能的退化、生命力的弱化，使贵州双语教学事业的发展失去最肥沃的土壤。

贵州是一个多民族、多语种省份，但是少数民族总人口占全省总人口的比例还不到 40%，具体到某一个民族，其所占总人口的比例更少得多。从自然村寨来看，各少数民族处于聚居状态，但整体上同汉族处于杂居状态。这些因素连同历史、经济、文化等多种因素导致民族语在和汉语的接触、融合中处于明显弱势地位。汉语的使用范围和区域越来越广，使用人数越来越多，而民族语的使用范围和区域越来越小，使用人数越来越少。在语言态度和语言选择上，越来越多的人倾向使用汉语。从社会功能来看，民族语仅仅是一种家庭用语、村寨用语，它的交际功能只局限在家庭和村寨内部，一旦脱离"乡土"，它就会失去现实需要。在这样一个大背景下，要开展好双语教学工作，甚至要以民族语保护和传承为目的，其难度是很大的。这样一个大背景是贵州双语教学事业难以取得理想效果和注定要遇到很多困难的根源。

第二，对贵州双语教学工作的特点认识不清，目标定位较低。

根据英国朗曼出版社出版的《朗曼应用语言学词典》给双语教学的定义，可以把双语教学分成三种类型：(1)学校使用一种不是学生在家使用的语言进行教学，这种模式称之为“浸入型双语教学”；(2）学生刚进入学校时使用本族语，然后逐渐地使用第二语言进行部分学科的教学，其他学科仍使用母语教学，这种模式称之为“保持型双语教学”；(3）学生进入学校以后部分或全部使用母语，然后逐步转变为只使用第二语言进行教学，这种模式称之为“过渡型双语教学”。一般双语教学的目的，就是要使学生的外语或第二语言，通过教与学，经过若干阶段的训练，使之能替代或接近母语的表达水平。

贵州省的语言使用情况有自己的特点，它不同于一般英语国家的语言状况，与国内 5 个自治区的语言使用情况也有很大差异，加上保护语言多样性的目的，因而贵州的民汉双语教学应该有自己的特色。所谓“浸入型双语教学”，应该是贵州要尽力避免的一种教学类型，因为单一语言教学不利于民族语的生存与传承，也不利于满足民族地区学习汉语的需求。“保持型双语教学”类型，在贵州并不存在。“过渡型双语教学”模式是贵州双语教学的主要形式。贵州“过渡型双语教学”的特点是，在小学一、二年级阶段采取部分使用本族语，即民汉兼用，从三年级起就只使用汉语教学。事实证明，这种教学方式在短期效应上，即照顾学生思维转换、提高教学质量方面无疑起到积极作用。但是，由于它仅仅局限于小学一、二年级阶段，并不把民族语作为一种目的语来学习，所以从长远的社会效应看它对民族语的学习和传承并没有多少实际意义。因此，贵州的双语教学不应是简单的“过渡型双语教学”，其目标定位既要考虑短期效应，更要考虑长远效果。然而，由于基础教育不承担保护和传承民族语的义务和责任，因而目前双语教学的目标定位只能追逐短期效应，而疏于关注长远的社会效应。

第三，双语师资力量薄弱，民族语教材内容有待丰富和创新。

一个合格的双语教师，必须具备两种技能，即娴熟的民族语能力和高超的教学能力。目前，很难获得这样的师资。国家正规渠道培养出来的教师，有一定的教学能力，往往不懂民族语；从民间聘请的编外教师懂民族语，但教学能力不够，工作不稳定。目前还缺乏培养合格双语教师的正规渠道。

目前，双语教学所使用的民族语教材都是省少数民族语言文字办公室和省教育厅民族教育处组织编译的小学教材，随着时间的推移，教材内容显得单一、陈旧，急需组织人员编写新的教材，增添新内容，除了文字的拼写和识读外，尤其还应补充一些语言文字基础知识、有关民族历史与文化的内容。

第四，双语师资培训机制还不完善。

从 2004 年起，全省双语师资培训愈发频繁（如表 6-1 所示）。2007 年 11 月，“贵州省双语教学培训基地”在贵州民族学院正式挂牌，从此双语师资培训工作开始进入常规化、制度化。近几年来，在省民委、省教育厅的统一领导和组织下，苗汉、布依汉、侗汉、彝汉双语师资培训班不断举办。但是，双语师资培训体系还远未完善，比如在目标定位方面、时间安排方面、课程设置方面、学员选拔方面、培训方式方面、培训效果的评估方面，都或显模糊，或难免随意。

表 6-1　2004 年以来贵州省双语师资培训班举办一览表

时间		培训班名称、举办单位
2004 年	11 月 29 日～12 月 17 日	“全省双语师资管理干部培训班”，省教育厅、省民宗委主办，贵州民族学院民族文化学院承办
2005 年	11 月 7 日～17 日	“苗（黔中方言）汉双语师资培训班”，省教育厅民教处主办，省民委文教处、语文办联办，贵州民族学院民族文化学院承办
2006 年	8 月 4 日～24 日	“第一期少数民族双语教师普通话和民族语言培训班”，教育部语用司、国家民委文宣司主办，省教育厅语委办、省民委语言办协办、贵州民族学院民族文化学院承办
	11 月 13 日～25 日	“全省侗汉双语师资培训班”，省教育厅民教处、省民委语文办主办，贵州民族学院民族文化学院承办
	12 月 20 日～24 日	“苗族语言环境建设培训班”，国家民委和联合国教科文组织主办，省民委和铜仁地区协办，松桃自治县人民政府承办
2007 年	7 月 17 日	“贵州省第二期‘双语’教师普通话培训班”，黔南布依族苗族自治州举办
	11 月 7 日～27 日	“全省苗汉双语师资培训班”，省教育厅民教处主办，贵州民族学院民族文化学院承办
	12 月 3 日～16 日	“全省侗汉双语师资培训班”，省教育厅民教处主办，贵州民族学院民族文化学院承办
2008 年	7 月 8 日	“贵州省苗（西部方言）汉双语教师培训班”，省教育厅、省民委主办，贵州民族学院民族文化学院承办
	8 月 5 日～19 日	“全省彝汉双语师资培训班”，省教育厅、省民委主办，贵州民族学院民族文化学院承办
2009 年	6 月 28 日	“贵州省布依汉双语师资培训班”，省教育厅、省民委主办，贵州民族学院民族文化学院承办
	7 月 18 日	“全省第二期彝汉双语师资培训班”，省教育厅、省民委主办，贵州民族学院民族文化学院承办
	8 月	“布依文培训班”，黔西南布依族苗族自治州民宗局、教育局、旅游局、行政学院联合举办
	8 月	“苗文培训班”，兴仁县举办
	9 月	“布依语文培训班”，黔西南布依族苗族自治州望谟县民宗局、教育局联合举办
	10 月 27 日～29 日	“‘双语和谐’示范区学员培训班”，黔东南苗族侗族自治州雷山县举办

第五，对双语教学工作调研不够。

双语教学工作在我国还没有多少现成的经验可供参考、借鉴，而且贵州的双语教学工作又需要充分尊重自己的实际，加上一些现实困难的存在，使得贵州双语教学工作难以取得理想效果。这需要做大量的、长时间的调查研究工作，需广泛听取各方意见，最后才有可能找到适合自己的工作方针，甚至为我国同等条件下的民汉双语教学工作提供示范。到目前为止，针对双语教学工作的调研还很不够，或只调不研，或调研不深，或不求实效。“务实”必先“务虚”，“务虚”不够，则无法“务实”，因此往往不得要领，事倍而功半。

第二节　民族语文教材、读物的编写、出版取得突破

双语教学的开展，师资力量是必备条件。但是，光有师资力量，没有相应的、配套的教材、读物，双语教学一样难以取得好的效果。所以，从国家和贵州省颁发的法律法规及文件来看，民族语文教材、读物的编写、出版同样受到高度重视。因此，伴随着双语师资培训工作的迅速发展，民族语文教材、读物的编写、出版工作也陆续开展起来。

1997 年 11 月，潘定智、杨培德、张寒梅编辑整理的《苗族古歌》，由贵州人民出版社出版。《苗族古歌》由精选出来的苗族创世史诗汇集而成。苗族创世史诗以宏大的规模、丰富的想象，记录了苗族先民所设想和构建的天地日月的由来、人类万物的起源以及古代社会生活的奇异情景。通过它，人们不仅可以了解到古代苗族的农耕生活、婚姻丧葬以及民族迁徙，也是苗族人民经过千百年熔铸的艺术珍宝。它们是古代苗族的“百科全书”，所以钟敬文先生在丛书的《序》里面说：“历史学家可以从中看到民族历史，哲学家可以从中看到民族的哲理，社会学家可以从中看到社会生活，各学科可从中找到一定资料，作家、艺术家可以从中得到思想的启迪、品德的熏陶、文化的滋养、艺术的享受。”

1997 年 11 月，潘朝霖、刘之侠编辑整理的《水族双歌》，由贵州人民出版社出版。《水族双歌》是贵州省民间文学选粹丛书，是一本水族歌谣集。

1997 年 4 月，贵州省民委少数民族语言文字办公室主编，杨亚东、阿烺蒙编著的《苗语常用词汇手册》，由贵州民族出版社出版。本书曾获 2000 年贵州省哲学社会科学优秀成果奖（著作类）三等奖。

1998 年 4 月，贵州省民委少数民族语言文字办公室主编，郭堂亮、孙若兰、伍小芹、陆庆昌编著的《布依语常用词汇选编》，由贵州民族出版社出版。该书选择布依语常用词汇 3000 余个，以规范的布依文为标准，分别配以汉义和第一、二、三土语的读音，以方便读者查阅和参考。

1998 年 4 月，黎汝标、黄义仁等整理、翻译的《布依族古歌》，由贵州民族出版社出版。《布依族古歌》由造物古歌、风俗古歌、爱情叙事古歌等三大部分组成，内容十分丰富。它体现了布依族人对天、地、人、物起源的看法，对后人了解布依族远古社会经济、生活、生产及先民的哲学、伦理和宗教观等，具有重要的史料价值。

2000 年秋，贵州民族学院民族文化学院组织相关教师编写了三套教材：《大学布依文课本》《大学苗语课本》《侗语阅读材料》。在学校和学院领导的关心支持下，这些教材都得以内部印刷，从而结束了少数民族语文课没有教材的历史，也为日后民族语文教材、读物的编写积累了经验。

2001 年，贵州省民语办和省民间文艺家协会合编《追太阳——贵州少数民族双语长诗集粹》。该书曾获首届贵州省文艺奖二等奖。

2002 年 3 月，吴启禄、王伟、曹广衢、吴定川编著的《布依汉词典》，由贵州民族出版社出版。该词典是一部双语详解词典，对布依文词条的每个义项都作了详细分析，特别注重

区别词义的细微差别和不同用法，并配以实例。本词典的出版，弥补了布依族长期没有工具书的空白。

2002 年 10 月，吴德坤、吴德杰搜集、整理、翻译的《苗族理辞》，由贵州民族出版社出版。《苗族理辞》是作者从 20 世纪 50 年代开始用苗文记录下来的珍贵的苗族文化遗产，是历经数十年而完成的一部巨著。

2004 年 5 月，欧亨元编著的《侗汉词典》，由民族出版社出版。该词典是一部以侗语标准音为主导，以侗语南部方言为基础，兼收各方言土语词汇的侗汉对译词典。全书收单音节词近万条，收多音节合成词以及词组、俗语、成语、谚语等一万多条，总计约 23 000 多条词目，成为帮助读者学习、使用侗语文的重要工具书。2005 年，本书获贵州省第六届哲学社会科学优秀成果（著作类）三等奖。

2006 年 3 月，吴正彪著《苗族年历歌和年节歌的文化解读》，由中国文史出版社出版。本书所收集的“年历歌”和“年节歌”，在我国苗族地区目前已十分罕见，可见它的珍贵性。“年历歌”和“年节歌”反映了古代苗族的思维特点，为研究苗族的精神生活提供了现实材料。

2006 年 9 月，李锦平、杜江主编的教材《苗语》，由中医古籍出版社出版。该教材主要是为苗医药专业的教学服务的，目的是让学生能基本掌握苗族文字方案和基础知识，能熟练地读写苗药名，基本具备使用苗文的能力。

2008 年，省民委语文办组织苗语、布依语、侗语、彝语等有关专家开始编译 4 个语种的《小学语文》（第一册）教材。编译的范本是汉语教材《小学语文》（第一册）。次年 8 月，这 4 套教材由贵州人民出版社出版。从此，民族地区小学低年级双语教学有了规范、科学的教材。

2009 年 10 月，罗懿群、吴启禄编译的仡佬族古歌《叙根由》，由贵州民族出版社出版。该书是各地搜集的仡佬族古歌中篇幅最长，同时也是最为完整的歌书。全歌分为 12 章，内容长达 4600 余行，语言豪放粗犷而又优美生动。除少数几章纯属叙唱祭典缘由、仪程和法事外，多数章节内容主要是口头文学，大致有 4 类：一类与开辟神话有关，一类是人类起源神话，一类是唱述原始社会生产情景的歌，还有一类是训世寓言。前 3 类作品在如今发掘出的仡佬族口头文学作品中甚为少见，其数量虽然不多，却使仡佬族文学史的前阶级社会阶段不再成为空白，犹如凤毛麟角，极为珍贵。这一古歌流传在黔西、织金、纳雍、大方 4 县交界的六归河沿岸的仡佬族雅伊支系中，广泛涉及仡佬族远古先民认识自然、改造自然、认识自我、认识社会等诸多方面的内容，对语言学、文学、历史学、民俗学、伦理学、法学、人类学等方面的研究都有着极其重要的价值。苏晓星同志在《序二》中说道：《叙根由》在已知的仡佬族口头文学作品中规模最大，地位也最为重要。

民族语文教材、读物的大量出版（如表 6-2 所示），是贵州民族语文工作中的大事。它体现了党和国家对贵州各少数民族的关心，体现了党和国家对贵州少数民族语言、文字的充分尊重，是国家保障各民族使用和发展本民族语言文字权利的重要依据。这些教材、读物的出版，对贵州双语教学的开展起到很大的支撑作用，也必将对今后贵州民族语文工作的开展产生深远影响。

表 6-2　1997～2009 年出版的双语教材及读物一览表

年份	月份	内容
1997 年	11 月	潘朝霖、刘之侠编辑整理《水族双歌》，贵州人民出版社出版
	11 月	潘定智、杨培德、张寒梅编辑整理《苗族古歌》，贵州人民出版社出版
1998 年	4 月	黎汝标、黄义仁等翻译整理《布依族古歌》，贵州民族出版社出版
	4 月	贵州省民委少数民族语文办公室编，郭堂亮、孙若兰、伍小芹、陆庆昌编著《布依语常用词汇选编》，贵州民族出版社出版
1999 年	12 月	省民语办和省民间文艺家协会编《追太阳——贵州少数民族双语长诗集粹》，贵州民族出版社出版
2000 年	3 月	张和平等主编《阿诺楚》，贵州民族出版社出版
	4 月	陈光明、张和平主编，王继超整理、翻译《估哲数》，贵州民族出版社出版
	5 月	杨亚东、阿焜蒙编著《苗语常用词汇手册》，贵州民族出版社出版
	7 月	贵州民族学院民族文化学院系列民语教材《大学布依文课本》《大学苗语课本》《侗语阅读材料》内部印刷
2002 年	3 月	吴启禄、王伟、曹广衢、吴定川编著《布依汉词典》，民族出版社出版
	6 月	李锦平编著《苗族语言与文化》，贵州民族出版社出版
	10 月	吴德坤、吴德杰搜集整理翻译《苗族理辞》，贵州民族出版社出版
2003 年	9 月	龙耀宏主编《侗语研究》，贵州民族出版社出版
2004 年	3 月	罗兴贵、杨亚东主编《现代苗语概论》（川黔滇方言），贵州民族出版社出版
	5 月	欧亨元编著《侗汉词典》，民族出版社出版
2005 年	3 月	李锦平主编《苗语同义词和反义词词典》，贵州人民出版社出版
2006 年	3 月	吴正彪著《苗族年历歌和年节歌的文化解读》，中国文史出版社出版
	9 月	李锦平、杜江主编《苗语》（供苗族医药学类专业使用），中医古籍出版社出版
2008 年	8 月	省民委语文办主持苗、布依、侗、彝有关专家编译的《小学语文》（第一册），贵州民族出版社出版
2009 年	8 月	贵州省小学双语教材编译委员会主持编译的苗、布依、侗、彝《小学语文》（第一册），贵州人民出版社出版
	10 月	罗懿群、吴启禄编译的仡佬族古歌《叙根由》，贵州民族出版社出版

第三节　水书和彝族古籍文献的保护、整理、研究

贵州各少数民族历史上都创造了丰富灿烂的古代文明。由于绝大多数民族都没有文字，因而这些古代文明很多都未能传承下来，为后人所知。目前，贵州境内能够借以研究少数民族古代文明的文献以水书和彝文古籍为代表。有关专家倾注了毕生的精力和心血来搜集、整理、研究这些宝贵的文化遗产，取得了丰硕的成果。

一、水书的保护、整理与研究

"水书，水语称为'勒睢 / 泐睢（le1sui3）'，是水族古文字（水族文字 / 水文字 / 水字）、水族书籍的汉译通称，是水族天文历法、信仰文化、民间知识杂糅的综合典籍，以及水书先生口传知识与经验的总结。"[①]水书作为一种古老的文字，有着自己的特色。它既不像纳西族东巴文字那样具有浓厚的图像性，也不像汉族甲骨文那样已形成完整的文字体系。它是从萌芽走向成熟的过渡时期的文字的代表，具有独特的研究价值。

水书的研究甚至要早于甲骨文的研究。最早关注水族文字的是贵州独山人莫友芝（1811—1871）。他的《红崖古刻歌》成于1860年，诗中提到"叔重古文换秦篆，十不存一苦斠铨，稍从乘马究虞哥，水书竹历参摩研。"他在注中又说："吾独山土著有水家一种，其师师相传，有医、历二书，云自三代，舍弟祥芝曾录得其六十纳音一篇。……且云其初本皆从竹简过录，其声读迥与今异，而多含古音，核其字画，疑斯篆前最简古文也。"可见，至少在1860年，即在甲骨文出土之前39年，莫友芝就开始关注水书了。此后，学者对水书的研究兴趣渐浓，记载渐多。1914年，王华裔修，艾应芳纂《独山县志》中"卷十三・风俗"载："苗蛮各种皆无文字，惟水家有反书，略似小篆……"1925年，窦全曾修，陈矩等纂《都匀县志稿》"卷五・地理志"载："夷族无文字，惟水族诹吉占病有专书，至今传习其中，谓之水书，大氐古篆之遗，第相沿日久，渐多讹失耳。"并附有110多个水族古文字。1940年，许用权编，胡嵩纂《三合县志略》"卷四十一・民族・水家"载："今日贵州全省除大定有夷文外，土著中则惟水家有文字，其余苗、瑶、仡佬之属则无之，而水家文字中除天干地支及象形文字外，居然有文武、辅弼、廉贪等字，假使当日无文化思想，政治组织，焉有此等深切会意、形容之文字，惟此以谈，则水家在吾黔南为先进之民族，故文化水准亦较他族为优，后世不察，视为异类，失之过矣。"在《都匀县志稿》的基础上，又多录了部分水族古文字。此后，著名学者岑家梧、张为纲、吴泽霖、陈国均、李方桂都来到贵州对水书做过调查研究。1944年，水族学者潘一志编《荔波县志稿》"卷二・氏族志"载："本县水家文字，与古象形文类似者颇多，亦可作研究民族源流之一助。""荔波所有文字，除汉字外，水家另有一种文字，俗谓之反书。其笔画多与古象形文类似……其不同者，或为秦以前之另一体文字。抑或因不敷用，为后人所加入，已不可考。至其用途，仅为择吉卜卦者所秘，故流传甚少。"其中还列举了部分水族文字与古汉字的结构对照关系。

新中国成立以后，对水书的调查、整理、研究工作开始进入新阶段。

1956年，中国科学院语言研究所、中央民族学院等单位的研究人员到水族地区调查其语言文字。1965年，韦庆隐《水语概况》对水族文字和水书作了介绍。1958年，潘一志先生编纂《水族社会历史资料稿》，其第六章《水族地区历代经济、文化、教育事业的发展》中有《水族文字》一节，载：水族相传有一种是鬼师择日占卜等迷信之用的100多个古老文字，用这种文字写的迷信书，叫做"水书"（译意）。1983年，吴支贤、石尚昭在《水族文字浅谈》中提出，水族古文字是属于表意体系的古文字。1985年，吴支贤、石尚昭合著《水

① 潘朝霖：《神奇水字 神秘水书》，百卷本《中国水书》影印本导读。巴蜀书社，四川民族出版社，2006年。

族文字研究》，将水族文字与汉文字的甲骨文、金文、楷书等逐项进行比较。1986 年 9 月，贵州少数民族古籍整理出版小组在贵阳召开水族古籍“七五”规划会议，决定把水书的搜集、整理、编译列入重点项目。“七五”期间先后整理、翻译水书读本、阅览本和应用本等共约 140 万字。1987 年 11 月，贵州人民出版社出版《水族文学史》，认为水族文字的字体结构大致可以分为三种：第一种类似古体汉字，其中有的是仿汉字倒写或反写；第二种是按物体形象描绘的象形字；第三种是借水语的象形字而表达汉音的形声字。1988 年以后，水族学者王品魁先生先后译注《正七卷》《壬辰卷》《丧葬卷》等近 200 万字。1989 年 10 月，贵州省水家学会成立。学会将水书和水族古文字的研究列为水家学研究的重点。1990 年 6 月，贵州省水家学会又组建搜集整理翻译研究水书和水族古文字领导小组。同年，刘日荣著《水书研究》，对水书中的汉语借词作了论述；雷广正、韦快著《水书古文字新析》把水族古文字同甲骨文进行比较，认为水书中的水族古文字已成为民族性文字，这是由水族特殊的社会历史发展条件所决定的。1991 年，陈昌槐的《水族文字与水书》分析了水族古文字的结构特点。1993 年，王品魁在《水书源流新探》中认为，水书源于《周易》，宋代已基本定型，清代是它发展的鼎盛时期。同年，韦忠仕、黎汝标在《五十年来水书研究评述》中认为，水书是水族从古北越族群母体中分化出来成为单一民族之后所创制的；韦忠仕、王品魁在《水书研究价值刍论》中将水族古文字结构分为：图画象形字，指事字，会意字，假借字，象形、会意与指事结合造字，类似古汉字的水文字等 6 种。1994 年 12 月，贵州民族出版社出版王品魁译注的《水书》（正七卷、壬辰卷），该书附有“水族文字总表”，收录了该书所涉及的主要水族古文字。

1995 年 1 月 18 日，韦宗林的水族古文字书法作品（楹联）以及《古老而神秘的水族文字》一文在《贵州日报》发表。文章认为，水族古文字的产生在秦统一以前，与甲骨金文有密不可分的联系。1995 年，韦宗林《水文字书法试探》载《贵州民族学院学报》第 2 期，从笔画运行、结构安排、章法布白上把水文字同汉文字作了比较，并探讨水文字的源流。同年 4 月，韦宗林、潘朝霖完成了国家“九五”时期艺术学科重点科研课题子课题《中国民族文字与书法宝典・水族篇》的科研任务。1999 年，韦宗林《水族古文字“反书”的成因》，载《贵州民族学院学报》第 4 期，文章认为水族文字有反写现象而被称为“反书”，不是偶然的，有特定文化背景，即早期文字本身的异体性、民族压迫的逆反性、水族文字载体（《水书》）的神秘性。

1999 年 10 月，王品魁《拉下村水文字墓碑辨析》，载《贵州省水家学会第三届、第四届学术讨论会论文汇编》，破译了墓碑上的水族文字，并推算出墓主死于明孝宗弘治十三年（公元 1500 年），距今已有 497 年。该墓碑是目前发现的最早用水族古文字书写的墓碑。

2001 年 10 月，中国大百科全书出版社出版韦宗林、潘朝霖撰写的《中国民族文字与书法宝典・水族篇》。

韦宗林、潘朝霖关于水族古文字书法的论著，从中国文字书法字体发展的角度进行研究，认为水族古文字产生于秦以前，是从中华古文字的母体乃至从殷墟甲骨文中部分分化出来的一种文字。秦汉以后在水族社会中传承，并发展成为有自身体系的文字。

进入 21 世纪以后，对水族文字的研究，无论是研究的人数上，还是在研究的广度和深度上，都有了空前的发展。

2000 年，潘朝霖《水族汉族二十八宿比较研究》，载《贵州民族学院学报》第 2 期，对水族汉族的二十八宿作了比较研究，发现水族二十八宿中有十二种星宿物象与汉族的不同。同年，韦宗林《水族古文字计算机输入法》，载《贵州民族学院学报》第 4 期，文章认为当今时代已经是光与电的时代，为给水族文字和文化研究提供便利，很有必要创造水族古文字计算机输入法，并对该输入法提出了很好的建议。

2001 年，潘朝霖《水苗汉二十八宿比较研究》，载《贵州民族研究》第 1 期，对水族、苗族、汉族二十八宿的异同作了比较。

2002 年，蒙爱军《水家族水书阴阳五行观的认识结构》，载《贵州民族学院学报》第 5 期，认为在《水书》的规范之下形成的以阴阳五行为核心的思想体系，既具有道德功能，又体现了水家人对世界的认识方式。同年，韦宗林《水族古文字探源》，载《贵州民族研究》第 2 期，从水族的历史、族称、文字书写迹象以及水族历史文化习俗等方面，对水族古文字作了考证，认为水族古文字与汉族甲骨文同出于一个文化母体，它与殷商文字有一定的联系，是先秦时从古文字中分化出来的一种古字。

2003 年，韦学纯、Jerold A.Edmondson、Somsonge Burusphat 等合著《〈水－汉－泰－英〉词典》，用多种文字对水族文字、水族历法作了介绍。

2004 年，韦宗林、潘朝霖著《水族古文字与水书》(《中国水族文化研究》丛书第 4 卷)，由贵州人民出版社出版，对水族古文字的研究概况、源头及流衍、文化内涵、发展中的走向等作了系统研究。它是作者多年研究水书的结晶。同年，王锋《试论水书的书写系统及其文化属性》，载《贵州民族研究》第 2 期，认为水书是一种特殊的汉字系文字，其书写符号系统的主体在汉字基础上发展而成，水书的试用和发展与水族宗教关系密切，是一种较为典型的巫术文字。

2005 年，王品魁、潘朝霖译注的《水书》(丧葬卷)，由贵州民族出版社出版。它收录了《水书》(丧葬卷)的所有条目，并用国际音标给这些条目注音，是继《水书》(正七卷、壬辰卷)之后的又一部水书抢救巨著。

2006 年，韦宗林《水族古文字与甲骨文的联系》，载《贵州民族学院学报》第 1 期，以对比研究的方式，从时间与地域、字体形态、书写文化三个方面论证，认为水族文字与甲骨文有密切联系，水族古文字是古代神本文化的活化石。同年 12 月，《中国水书》由巴蜀书社和四川民族出版社联合出版。它是对分布在贵州三都、荔波等地的水族文字、文献作大规模抢救和整理的结果。全书分为《三都卷》《荔波卷》和《潘藏卷》三卷，采用国际大 8 开，夹宣纸线装，筒子页印制，每五册装一锦缎函盒，每套 32 函。全书共 160 册，每册 320 余页。

2007 年，韦世方编著《水书常用字典》，由贵州民族出版社出版。本字典共收录水族文字 400 多个。同年 6 月，韦章炳《中国水书探析》，由中国文史出版社出版。全书分五大部分：第一部分“水书及其探古”，第二部分“水书与水族习俗”，第三部分“水书与韦氏”，第四部分“水书与哲学”，第五部分“水书秘遁”。值得一提的是，水书遁指之法，濒临失传，韦章炳先生将其编著入书，这对水书抢救来说实乃幸事，为后人留下了十分珍贵的史料。同年韦宗林《论水族文字的“楷变”》，载《贵州民族学院学报》第 6 期，首次提出水族古文字和今文字的分水岭是“楷变”，“楷变”前是水族古文字，“楷变”后是水族今文字。潘兴文《试探水书碑文识读》，载《黔南民族师范学院学报》2007 年第 5 期，对水书碑文的识读方法作了一些介绍。

2008年，潘朝霖《"水书"习俗的文化价值》，韦宗林《水族文字讹变现象及原因》，田铁、阿闹《水书与彝文的对比研究》，唐建荣、任睢《水书传承的社会生态思考》，同载《贵州社会科学》第3期，从不同角度对水书做了研究。

2009年8月，贵州民族学院、贵州水书文化研究院编，潘朝霖、唐建荣主编《水书文化研究》，由贵州民族出版社出版。本书辑录自1860年以来水书文化研究的部分重要成果，包括晚清西南大儒莫友芝先生研究水书的成果《红崖古刻歌》，民国时期岑家梧、张为纲深入调查水族地区后写的《水书与水家来源》《水家来源试探》，《中国水书》（巴蜀书社、四川民族出版社，2007年出版）4万字导读《神奇水字 神秘水书》等文稿40篇。为读者了解和研究水书文化提供了宝贵的史料和有价值的研究结论。

二、彝文的保护、整理与研究

彝文通行于我国西南彝族地区，是一种比较成熟的表意文字。就彝文的历史和影响来说，它足可以和汉文、蒙文、藏文、维吾尔文等相媲美。目前，用彝文撰写并且传承至今的典籍，卷帙浩繁，内容广泛，涉及文学、历史、哲学、政治、经济、天文、地理、医学、宗教、军事等诸多方面。特别是源远流长的布摩典籍文化，蕴藉深厚，恢宏灿烂，反映了从原始社会到封建社会这一阶段古代彝族生息繁衍、生存发展的历史过程。因此，彝文古籍文献早已引起中外学界的普遍关注。

贵州的彝族人口为84.36万人，主要分布在毕节地区的威宁、大方、黔西、赫章、纳雍、金沙、织金，六盘水市的水城、盘县、六枝，兴义地区的普安、晴隆、兴仁、兴义等县。贵州是全国彝文古籍最多的省份，据不完全统计，民间珍藏的彝文古籍约3000余册，加上毕节地区已收集的700余册，总共约4000余册。贵州省在彝文古籍文献的保护、整理和研究方面做了大量工作。自20世纪80年代中期以来，在彝文古籍文献的翻译和研究方面不断有新成果问世。贵州民族学院彝学研究人员及省内有关专家，至今已出版相关著作、教材60余部，发表学术论文400余篇。

1988年7月，《洪水纪》，王子尧译，由贵州民族出版社出版。全书约30万字。本书以神话传说的方式反映古代彝族社会的历史变迁，表现彝族人民面对苦难时所表现出来的坚忍不拔的意志和与自然相斗争的顽强精神。1989年9月本书获第二届全国民间文学作品优秀成果三等奖。

1990年9月，《彝族古代文艺理论丛书》，王子尧、康健、王冶新、何积全翻译、整理，由贵州人民出版社出版。全套丛书由《彝族诗文论》《论彝诗体例》《论彝族诗歌》三部专著合成，其内容主要展现彝族古代上层知识分子对文艺理论独到而精辟的见解。全书共计约86万字。1995年12月该书荣获国家教委首届人文社会科学优秀成果"中国文学"二等奖，1996年被中宣部、国家教委、中国社会科学院列为中国十大丛书之一。

1991年4月，《彝族创世志》，贵州赫章县龙正清、王秀平翻译，由四川民族出版社出版。全书分上、中、下三卷，约120万字。三卷本分别为《彝族谱牒志》《彝族创世志》《彝族艺文志》。内容主要介绍彝族先民创世历程和彝族家支谱系。1992年11月本书获国家民委暨新闻出版署首届中国民族图书二等奖。

1991年12月，《简明彝汉字典》（贵州本），王子尧、陈世鹏、陈世军等编写，由贵州民族出版社出版。本书是从事彝语文教学、研究的重要工具书，于 1992 年获第二届贵州省哲学社会科学优秀成果一等奖。

1991～1993 年，《贵州彝语文课本》一至六册，王子尧、陈世鹏、陈世军、王富慧、柳远超、李天元编写，由贵州民族出版社出版，有力地推动了彝族地区的教育教学工作。

1993 年 3 月，《红白杜鹃花》，贵州省少数民族古籍整理出版规划小组办公室编，由贵州民族出版社出版。全书约 42 万字。内容主要反映彝族古代社会可歌可泣的爱情生活。该书于 1997 年获贵州省第三届社会科学优秀成果三等奖、民族民间文学优秀成果三等奖。

1997 年 12 月，《石刻论著汇编 · 贵州红岩古迹研究》，王正贤、王子尧等著，由北京图书馆出版社出版。全书约 17 万字，对红岩古迹产生的历史背景及天书的具体含义作了分析，从而揭开了红岩古迹天书的神秘面纱。

1998 年 8 月，《夜郎史传》，王子尧、刘金才译著，由四川民族出版社出版。全书约 49 万字，较为详尽地记载了汉文献所没有记录的我国西南少数民族建立方国及夜郎的历史，向世人展现了古夜郎国在政治、经济、军事、文化等多个方面的历史面貌。1999 年国家教育部曾把它作为中国少数民族历史文化的代表作之一，推荐参展了“99 巴黎中国文化周”。在展览期间，本书引起国外读者的浓厚兴趣，后又赠送联合国教科文组织收藏。

2000 年 4 月，《估哲数》，陈光明、张和平主编，王继超整理、翻译，由贵州民族出版社出版。它着重记录了农业与历法、农业与气候、农业与物候、农业技术及其生产工具、农业与生态、农业与水利、不同时期的农业、农业发展带动副业、农业生产与畜牧业、农业管理形态与模式十个方面的内容。从哎哺、尼能、什勺、米靡、举偶到六祖及其后裔等各个时期的史实都有记录，时间跨度至少在 4000 年以上。2001 年，本书荣获全国彝文图书出版协会一等奖。

2004 年 7 月，《黔彝古籍举要》，陈世鹏著，由贵州民族出版社出版。全书约 32 万字，对贵州已公开出版的彝文古籍《西南彝志选》《彝族源流》（1～27 卷)、《彝族创世志》《宇宙人文论》《土鲁窦吉》《增订爨文丛刻》（上、中、下)、《彝族诗文论》《论彝族诗歌》《论彝诗体例》《彝文金石图录》（第一、二集)、《益那悲歌》《物始纪略》（第一、二、三集)、《曲谷精选》《曲谷走谷精选》《阿买恳》等，就其收藏、整理、翻译、出版、主要内容及学术价值都作了评介，并对《黔西北彝族美术 · 那史彝文古籍插图》《彝文典籍目录》（贵州卷）等作品也作了分析与评介。

其他成果还有：《西南彝志》，王子尧等译著，1982 年由贵州人民出版社出版；《漏卧鲁沟的婚礼》，王子尧等译著，1986 年由贵州民族出版社出版；《彝语文课本》一至六册，1988 年由贵州民族出版社出版；《彝族古歌》，王子尧等译著；1989 年由贵州人民出版社出版；《物始纪略》，王子尧等译著，1990 年由四川民族出版社出版；《达思美复仇记》，王子尧等译著，1994 年由贵州民族出版社出版；《彝族古代文论》《彝族叙事诗》，王子尧译著，1997 年由贵州人民出版社出版；《贵州彝族语言文字》，柳远超等著，1999 年 12 月由贵州民族出版社出版；《中国彝史文献通考》第一卷，王子尧主编，2001 年由四川民族出版社出版；《贵州彝文古籍整理翻译研究》，陈光明、李平凡主编，2008 年 8 月由贵州民族出版社出版。

第四节 民族语言的抢救与保护

贵州是一个多民族、多语种省份。贵州的少数民族语言分属壮侗、苗瑶、藏缅三个语族，有的语言的系属至今还存在争议。千百年来，各个民族语言不仅是本民族日常话语交际的重要工具，而且是民族文化、历史、传统的主要载体，因而这些语言不仅在语言学领域有不可替代的价值，也是从事民族学、社会学、历史学、经济学等多个学科研究的重要史料。它是我国文化国力的重要组成部分，是今后贵州经济社会发展的重要支柱。历史上，由于贵州交通十分不便，经济发展落后，这在客观上对民族语言起到了保护作用。近几十年来，随着交通条件的改善，经济发展速度加快，各民族间的交往日趋密切，汉语的使用范围、影响力越来越大，相反民族语言的使用范围则在缩小，语言能力有弱化趋势。贵州民族语言在总体上有走向消亡的趋势，有些语言已经成为濒危语言。因此，对贵州民族语言进行抢救和保护，正逐渐成为共识。

应该说，20 世纪 50 年代，在党和国家的关怀下，为苗族、布依族、侗族、彝族创制或改革文字，以及此后开展的民族文字扫盲工作、双语教学工作、各种语言调查工作，都是民族语言保护的重要内容。近年来，民族语言抢救和保护的重点工作则是民族语言环境建设示范区工程和仡佬语数据库建设。

一、松桃苗族自治县苗族语言环境建设示范区工程

1. 松桃苗族语言环境建设的背景

松桃苗族自治县成立于 1956 年，是贵州省最早成立的少数民族自治县之一。该县位于湘、黔、渝三省（市）交界处的武陵山区，行政区域面积 3400 平方公里，辖 13 个镇、15 个乡、509 个行政村。至 2007 年末总人口为 679 840 人，其中苗族 289 222 人，占全县总人口的 42.5%。

县境内的苗语属苗语东部方言。由于地理和历史等方面的原因，部分年龄较大的苗族群众，从小没有机会学习汉语，成年后又很少有机会接触汉语，因而一直不会使用汉语。部分儿童从出生到开始上学这段时间里，由于始终处于母语环境中，没有机会学习汉语，因而也不会使用汉语。

目前，本县会说苗语的群众有 27 万人，约占总人口的 40%；不会说苗语的有 41 万人，约占总人口的 60%。会说苗语的群众中，不会说汉语的苗族人口有 6.9 万余人，约占全县人口的 10%；具备苗语、汉语双语能力的苗族人口有 20 万人，约占总人口的 30%。全县的初级、高级中学使用汉语和汉语文教学；苗族聚居区的完小、教学点和一些夜校、培训班，使用苗语、苗文辅助教学，实行苗、汉双语教学。各级行政机关和法院、检察院等在履行职能、执行公务时，有时需要使用苗语。

2. “苗族语言环境建设示范区”的建立

2006 年 8 月，联合国教科文组织在实地考察的基础上，和国家民委共同决定在贵州省

松桃苗族自治县建立“少数民族双语环境建设示范区”。示范区建设的宗旨是：在全社会营造关注母语、重视母语学习和使用的氛围，保持和维护语言文化的多样性；加强少数民族聚居区儿童母语启蒙教育，提高学校教育的入学率、巩固率和毕业率，提高少数民族青少年的文化素质；促进成人母语扫盲、科技扶贫、普法、预防自然灾害和重大疾病等活动的开展；促进以少数民族语言文字为载体的新闻出版、广播影视、文化艺术事业的可持续发展。

2006 年 10 月 28 日，松桃苗族自治县人民政府发布《关于成立县语言环境建设示范项目领导小组的通知》，成立了以自治县人民政府县长为组长，分管民族事务、文化教育工作的副县长为副组长，县委办公室、县人民政府办公室、县民族事务局、县教育局、县文体广电局及有关乡镇人民政府主要负责人为成员的苗族语言环境示范区建设工作领导小组。同年 10 月 30 日，自治县人民政府发布《关于建立县语言环境建设示范区的通知》，明确蓼皋镇、盘石镇、长坪乡、盘信镇、正大乡 5 个乡镇为苗族语言环境建设示范乡镇；蓼皋镇的麻旦村，盘石镇的臭脑村、盘石村、邓现村、响水洞村，长坪乡的康金村、兴隆村，盘信镇的后寨村、柳浦村，正大乡的官舟村、地所村、薅菜村 12 个行政村为语言环境建设示范村；所属行政区域内的 130 户苗族农户为语言环境建设示范户；选定自 1982 年以来一直开展苗、汉双语同步教学的 12 所完小或教学点为语言环境建设示范学校，22 个双语教学班为语言环境建设示范班，示范班当时有在读学生 1600 余人。同年 11 月 3 日，自治县人民政府发布《松桃苗族自治县苗族语言环境示范区项目实施方案》，要求高起点、高要求、高标准，有计划、分阶段地推进苗族语言环境建设工作。

3. 苗族语言环境示范区的建设

松桃苗族自治县苗族语言环境建设示范区建立后，建设工作随即展开。

2006 年 12 月 20 日～24 日，在松桃苗族自治县举办了苗族语言环境建设培训班，学员以苗族为主体，共 136 人。其中示范乡镇副乡（镇）长 3 人，乡镇党委副书记 1 人，示范村村委主任 5 人，村民组长 20 人，劳动能手和优秀青年 82 人。培训期间，国家民委巡视员安清萍、国家民委文宣司贾捷华、中央民族大学王远新教授等领导和专家先后到场授课。此外，还邀请省、地、县苗学研究人员、双语教师、民间绝技绝活大师、农林牧水专业技术人员 20 人参加授课。

2007 年 4 月，由于实际工作需要，开始筹办《松桃苗文报》。2007 年 5 月 8 日，松桃苗族自治县人民政府发文，要求各机关、学校、街道、工厂、医院名称和主要街道大型广告，内容必须以苗、汉两种文字表达或体现。由县民族事务局具体承办，为 12 个示范村、13 所示范学校制作了包含苗文、汉文两种文字的村委、学校招牌 21 张，并张挂上墙。

截至 2007 年 9 月，先后为正大乡薅菜村、盘信镇柳浦村、盘石镇响水洞村、长坪乡康金村等 5 个村建立以苗语广播为主的双语广播站，为苗族群众的语言学习和文化生活提供了方便。2007 年全年，各示范村开办以传播农业农村实用技术为主要内容的各类夜校 19 期次，参加学习的人数达 2856 人次，其中男学员 1833 人，女学员 1023 人。夜校的开办已经产生了良好的社会、经济效应。县委办、县政府办、县民族事务局、县文体广电局、县妇联等单位利用赶集日，在各乡镇特别是苗族聚居乡镇巡回宣传苗族语言环境建设的作用和意义，共出动车辆 18 车次、人员 67 人，召开大小会议 42 场，印发宣传资料 8 万余份，张挂大幅宣传标语 16 幅，接待咨询群众 6.8 万人次，为推动苗族语言环境建设营造了良好的社会氛围。

为了充实苗族群众的文化生活，编写了三期苗文读物：《SEAD JID JOUB JID CANGT》《SAED CENX SIB MEIT》《SEAD BANX》，每期刊印150册，按时发放到示范乡镇、村、户。

2008年2月12日，县委、县政府主办"'庆佳节，迎奥运'2008年新春苗歌演唱会"，3万多各族群众到现场参与或观看了演出活动。

4. 苗族语言环境示范区建设的成效

松桃苗族自治县苗族语言环境建设示范区工程经过3年时间的建设，在多个方面都已取得初步成效：

（1）促进了各民族的团结与社会和谐；

（2）促进了民族地区经济社会的发展；

（3）推动苗汉双语教学走向深入发展；

（4）增强了广大苗族群众使用母语的自信心和自豪感；

（5）为弘扬和传承民族文化、塑造苗族"文化名片"搭建了新的平台。

二、"仡佬语数据库建设工程"

1. 仡佬语数据库建设的背景

仡佬族是我国一个历史悠久的民族，是贵州最早的土著民族之一。根据全国第五次人口普查统计，全国仡佬族58万人口的96.5%居住在贵州境内。仡佬族中会说仡佬语的人，从改革开放初期的4万人现已下降到不足5000人。国家语委明确将其列为濒危语言种类，要求对其进行抢救性保护。仡佬语也是我省唯一一个被国家确认为濒危语言的语种。因此，及时建立仡佬语数据库，对目前尚存的仡佬语进行抢救和保护具有重要意义。

2. 仡佬语数据库建设工程的建立

2007年底，根据中央和贵州省关于做好少数民族语言文化保护与传承的有关政策、法律法规和工作规划，按照国务院办公厅印发的《少数民族事业"十一五"规划》中关于"建立中国少数民族濒危语言文字数据库"的目标任务，为保护和抢救已经处于濒危状态的仡佬族语言和文化，贵州省民族事务委员会决定建立仡佬语数据库，明确指示省少数民族语言文字办公室将仡佬语数据库建设列入2008年度主要工作目标。

此后，省民委成立了以党组书记、主任郝桂华为组长，党组副书记、常务副主任姚朝雄，副主任刘晖为副组长的课题领导小组。同时，成立了以刘晖为组长的课题评审委员会，专门负责课题的评审工作。

2008年6月5日，为了抢救"濒危"的仡佬族语言，建立仡佬族语言资料库，并以此为契机，深入研讨仡佬族文化，省民委在贵阳召开《仡佬语数据库建设及仡佬族文化研究》课题论证会，广泛听取有关专家的意见。省民委副主任刘晖主持论证会并讲话。她强调，仡佬语数据库建设及仡佬族文化研究是一件"功在当代，利在千秋"的好事，各相关部门和课题组成员要相互配合，做好各项调查工作，努力完成这项艰巨而光荣的任务。论证会上，刘晖代表省民委向评审委员会成员颁发了聘书，省少数民族语言文字办公室负责人介绍了课题研究的目的、意义与要求，课题组成员介绍了课题实施计划及调查大纲，评审委员会成员对课题的意义、目标和调查大纲作了评审。会议要求，在项目实施过程中由省少数民族语言文字办公室具体负责课题的管理工作，省民族研究学会具体抓好课题实施工作。

2008 年 6 月～10 月，课题组成员深入各点上进行田野调查，于同年 12 月底推出调研成果《仡佬语田野调查实录》，如期完成仡佬语数据库建设的前期工作。2009～2010 年开始进行调查成果的价值发掘与其他后期研究工作。

贵州省民委及时开展仡佬语数据库建设工程，受到国家民委、省仡佬学会、语言学界、文化界以及新闻媒介等多个方面的高度评价和大力支持。

第五节　民族语言研究取得新成果

1997～2009 年，贵州民族语文工作者在民族语言研究方面取得了很多新的成果。其中有代表性的成果有：

《苗族语言与文化》，李锦平著，2002 年 6 月由贵州民族出版社出版。本书以苗族语言为材料，以其蕴含的文化内容为视角，依次考察了农林文化词语、渔猎文化词语、医药文化词语、科技文化词语、衣食住行文化词语、婚姻丧葬文化词语、反映鼓社议榔理老制度的词语、宗教禁忌文化词语。另外，还探讨了地名文化、姓名文化、观念文化以及苗汉语言的接触和文化交流等。本书是研究苗语以及苗族文化不可或缺的理论性著作。

《侗语研究》，龙耀宏著，2003 年 9 月由贵州民族出版社出版。本书是龙耀宏先生在多年从事侗语教学的基础上编写而成的。书中语言材料系统而丰富，声韵调配合表详尽，语法介绍全面，为侗语的共时研究和历时研究提供了可贵资料。

《现代苗语概论》（川黔滇方言），罗兴贵、杨亚东编著，2004 年 3 月由贵州民族出版社出版。本书从语音、词汇、语法等方面较系统地介绍了川黔滇方言（以贵州省毕节市燕子口镇大南山苗语为标准音）的语言特征。它对川黔滇方言区的苗族人民学习和掌握自己的文字有重要帮助。

《侗汉词典》，欧亨元编著，2004 年 5 月由民族出版社出版。本词典约 40 万字，是一部以侗语标准音为语音规范，以南部方言词汇为基础，并兼收各方言土语词汇的侗汉对译词典。全书共收单音节词近万条，多音节词以及词组、俗语、成语、谚语等一万多条，总计约 23 000 多条词目。它的出版，对提高侗汉双语教学水平，对学习、研究侗语文，尤其是广大侗族群众学习自己的语言文字，提高他们的文化素质都将起到重要作用。

《贵州民族语文调研文集》，贵州省少数民族语言文字办公室编，张和平主编，2004 年 9 月由贵州民族出版社出版。本书中的调研报告和工作总结，实事求是地反映了贵州民族语言的使用状况和民族语文的推行情况，理论联系实际分析了新世纪推行民族语文的重要性和必要性，提出了很多中肯的工作建议。书中还附有领导工作发言和相关文件精神。它对各级政府部门的决策及民族语文的推进工作有一定的参考作用。

《苗语同义词反义词词典》，李锦平著，2005 年 3 月由贵州人民出版社出版。本书对苗语同义词、反义词作了全面、系统的搜集和整理。所立的词目包括词、词组和少量俗语，全部词目按苗文字母次序排列，先列同义词后列反义词，同音词按不同意义分别立目。该词典还特别借助《苗族古歌》等民间文学作品里的词语用法，以求在最广阔的范围内讨论苗语的同义词、反义词。本书是研究苗语词义的重要工具书。

《苗语常用词汇手册》，杨亚东、阿烺蒙编著，2006 年 6 月由贵州民族出版社出版。该手册收入的 2257 个词，均为日常用词，而且大部分来自课本《LOLHMONGB》，旨在配合苗汉双语教学。

《贵州苗族古籍总目提要》，李锦平、李天翼编著，2008 年由贵州民族出版社出版。本书收集贵州苗族古籍条目近千条，包括书籍类、讲唱类、铭刻类和文书类等。

《侗汉常用词典》，潘永荣、石锦宏编，2008 年 5 月由贵州民族出版社出版。本书收录侗语词、词组、熟语等共 5000 多个词条，并以侗语及汉语形式注音、释义。除侗语标准音外，本书还收录了侗语方言中常用的方言词及人名、地名等方面的词。本书对规范侗语标准读音、学习方言词均大有裨益。

《贵州"六山六水"民族调查资料选编》(民族语言卷)，贵州省民族事务委员会、贵州省民族研究所编，2008 年 6 月由贵州民族出版社出版。本书收录的民族语言调查资料包括贵定仰望苗语、苗语革东话、黔西县铁石乡苗语、水城陡箐苗语、惠水摆榜苗语、安龙县龙山布依话、从江县下江镇六洞冲侗语、独山县基长区侗语、从江县宰河侗语、黎平县永从乡九龙村侗语、大方彝语、大方普底仡佬语、晴隆仡佬语、安顺仡佬语、普定仡佬语、仡佬语方言土语划分、都匀市阳和乡潘洞水语、荔波县洞流水语、三都水族自治县三洞乡水语、月亮山地区瑶语、从江高忙瑶语等。该书的出版为学习和研究贵州苗、布依、侗、彝、水、仡佬语的读者提供了丰富的田野调查材料。

《盘县次方言彝语》，柳远超著，2009 年 7 月由民族出版社出版。本书是首次对盘县次方言彝语的语音、词汇、语法、文字、修辞作全面介绍，起到对当地彝语的抢救和保存作用。

《苗族芦笙辞》，贵州省少数民族语言文字办公室编，2009 年 10 月由贵州民族出版社出版。本书是一本研究苗族芦笙文化的书籍。主要内容包括婚姻芦笙辞、送婚芦笙辞、凶星芦笙辞等。

多年来，贵州省苗学会、布依学会、侗学会、彝学会、土家学会、水家学会、仡佬学会编的《苗学研究》《布依学研究》《侗学研究》《彝学研究》《土家学研究》《水学研究》《仡佬学研究》，以及各地州市文艺研究室编的《采风论坛》等刊物都登载了很多民族语言文字方面的研究文章，为推行和发扬民族语言文字作出了积极的贡献。

第七章　贵州民族语文工作总结与展望

新中国成立以后，党和国家对民族工作是极为重视的，尤其是重视各民族在政治上的平等，在经济、文化上的共同进步和繁荣。民族语言和少数民族群众的日常生活是须臾不可分离的，是民族文化的集中体现，是少数民族地区经济、文化发展的基础，是广大少数民族群众看待政治平等权利的重要依据。因此，作为民族工作的重要组成部分，民族语文工作自始至终受到党和国家的高度重视。1954 年 5 月中央人民政府政务院文教委员会民族语言文字研究指导委员会及中央人民政府民族事务委员会《关于帮助尚无文字的民族创立文字问题的报告》指出，"各少数民族均有发展其语言文字的自由"，《中华人民共和国宪法》规定"各民族都有使用和发展自己的语言文字的自由"。贵州是一个多民族省份，少数民族人口总量很大，民族语言资源十分丰富而又珍稀，搞好贵州的民族语文工作，不仅具有学术意义、文化意义，而且具有政治意义。

第一节　民族语文工作取得的成绩

新中国成立以来，在中国共产党民族理论、民族政策和民族工作方针的指导下，贵州民族语文工作走过了不平凡的 60 年。60 年来，贵州民族语文工作在工作体系的建立、民族语言调查研究、古籍整理研究、民族文字创制与试验推行、扫除文盲、人才培养和人员培训、民汉双语教学、民族语言保护等方面都积累了很多经验，取得了显著成绩。

一、民族语文工作体系的建立

60 年来，贵州民族语言文字战线已经建立了自己的工作体系。这一体系主要包括行政体系、教学体系、科研体系、出版体系、宣传体系。行政体系包括省、州（地区、市）、县（市、区、特区）三级民族事务委员或民族宗教事务局[①]，及其下设的少数民族语言文字办公室或民族语文指导科。行政体系保障民族语文工作能够获得国家支持，使各地各部门的民族语文工作得以协作，并保持正确的发展方向。教学体系包括以贵州民族学院为龙头的各级各类民族学校以及不定期举办的各种民族语文培训班。各级各类民族学校大多设置民族语文专业或开设民族语文课程。迄今为止，贵州省已经建立了涵盖基础教育、中等教育、高等教育（含大专、本科、硕士）以及社会教育的民族语文教学体系，构建了多层次、多渠道的人才培养模式，它使贵州民族语文工作有了人才保证。科研体系包括专门的研究机构（如贵州民族研究所）和高等院校从事民族语文研究的教师队伍，它使民族语文工作的理论水平不断走向深入。出版体系指以贵州民族出版社为核心的出版机构。宣传体系包括有关民族语文的

① 县内有的称民族宗教事务所，归属民政局。

广播电视节目的制作、民族语言影片的译制以及各种有关民族语文报纸（如《贵州民族报》）、刊物（如《贵州民族研究》）的发行。

二、民族语言调查研究

从调查的目的、内容和所涉及的地区来看，新中国成立以后贵州民族语言调查大致可以分为两个阶段。

第一阶段主要指20世纪50年代中后期由国家组织的民族语言调查。当时7个工作队里的第一、第二两个队主要负责调查贵州境内壮、布依、侬、沙（侬、沙后来合并于壮）、侗、水家（现在称水）、苗、瑶等民族的语言。此次调查属普查性质，目的在于全面了解所要调查的语言，给每种语言划分方言土语，确定标准音，为民族文字的创制或改革作准备，因而调查的内容包括语音、词汇、语法等各个方面。调查的区域也很广。这一次贵州民族语言普查工作，虽然是由国家组织，主要工作由中国科学院少数民族语言研究所和中央民族学院来承担，但是贵州民族学院部分教师和省内部分民族语言工作者都参加了调查。本次语言调查为贵州培养、锻炼了人才，他们中的许多人日后都成为了贵州民族语文工作的骨干。此次语言普查的成果为今后贵州民族语文工作的开展奠定了基础。此外，王春德先生于20世纪50年代后期对苗语黔东方言的语法做过调查，成果为《苗语语法》（黔东方言）。从1959～1982年，这一阶段由于极“左”思潮的干扰，贵州民族语言调查工作几近停顿。

第二阶段是从1983年至今。从1983年开始，历时20多年、规模宏大的贵州“六山六水”民族调查拉开帷幕。“六山六水”民族调查由贵州省民族研究所、贵州省民族研究学会牵头，得到贵州省民族事务委员会的高度重视和大力支持。贵州省社会科学院、贵州民族学院、贵州省博物馆、贵州省教育科学研究所、贵州民族文化宫，以及省内地、州、县的有关单位和中国社会科学院民族研究所也都参与到调查中来。调查期间多次对民族语言作过调查，其主要成果是《贵州“六山六水”民族调查资料选编（民族语言卷）》（贵州民族出版社，2008年6月）。调查涉及的代表点和语种主要是贵定县仰望苗语、台江县革东苗语、黔西县铁石苗语、水城县陡箐苗语、惠水县摆榜苗语、安龙县龙山布依语、从江县下江镇六洞冲侗语、从江县宰河侗语、独山县基长区侗语、黎平县永从乡九龙侗语、大方县彝语、大方县普底仡佬语、晴隆县仡佬语、安顺仡佬语、普定县仡佬语、都匀市阳和乡潘洞水语、荔波县洞流水语、三都水族自治县三洞水语、月亮山地区瑶语、从江县高忙瑶语。“六山六水”民族语言调查的选点是20世纪50年代民族语言普查时所没有的，它拓展了贵州民族语言调查的范围，获得了许多新材料，为以后的研究准备了语言材料。1986～1988年，受全国哲学社会科学“七五”规划国家重点科研项目资助，中国社会科学院民族研究所语言室对中国少数民族语言、文字使用情况作了调查。贵州省有关部门和人员同样给予此次调查以极大的支持和协助。本次调查属专题调查，调查范围涉及贵州省3个自治州、11个自治县，基本弄清了贵州境内少数民族的人口数量、分布区域、母语能力、文字使用和推行情况，它为日后语言规划和语言政策的制定提供了依据。

这一阶段的语言调查影响较大的还有：从20世纪80年代到90年代初，张济民等对贵州及周边省区的仡佬语作了较为全面的调查，成果为《仡佬语研究》（贵州民族出版社，1993年）；1989年吴启禄对贵阳市郊布依语作了调查，成果为《贵阳布依语》（贵州民族出版社，

1992 年）；1996～1997 年伍文义、辛维、梁永枢对贵州境内 24 个代表点的布依语作了调查，成果为《中国布依语对比研究》（贵州人民出版社，2000 年）；1999 年李锦平从文化的视角对苗语作了调查，成果为《苗族语言与文化》（贵州民族出版社，2002 年）；2002 年龙耀宏对贵州天柱县石洞侗语作了调查，成果为《侗语研究》（贵州民族出版社，2003 年）等。

三、古籍整理研究

古籍整理研究取得较大成绩的主要是水书和彝文典籍。这两个领域都涌现出一批有代表性的专家、学者，取得了可喜的成果。水书研究方面有代表性的专家、学者有潘一志、王品魁、潘朝霖、韦宗林、韦世方、韦章炳等，彝文古籍整理研究方面有代表性的专家、学者有张和平、王子尧、陈世鹏、陈光明、王正贤、刘金才、王继超、王富慧、陈世良、陈世军等。

水书研究方面有代表性的成果主要有：《水族社会历史资料稿》（潘一志编纂，三都水族自治县民族文史研究组编印，1980 年），《水书·正七卷》《水书·壬辰卷》（王品魁译注，贵州民族出版社，1984 年），《水族文学史》（范禹主编，贵州人民出版社，1987 年），《中国民族文字与书法宝典·水族篇》（韦宗林、潘朝霖撰写，中国大百科全书出版社，2001 年），《中国水族文化研究》（潘朝霖、韦宗林主编，贵州人民出版社，2004 年），《水书·丧葬卷》（王品魁、潘朝霖译注，贵州民族出版社，2005 年），《中国水书》（巴蜀书社和四川民族出版社，2006 年），《水书常用字典》（韦世方编著，贵州民族出版社，2007 年），《中国水书探析》（韦章炳著，中国文史出版社，2007 年），《泐金·纪日卷》（贵州省档案局、荔波县人民政府合编），《水书文化研究》（潘朝霖、唐建荣主编，贵州民族出版社，2009 年）。

彝文古籍整理研究有代表性的成果有：《洪水纪》（王子尧译，贵州民族出版社，1988 年 7 月），《彝族古代文艺理论丛书》（王子尧、康健、王冶新、何积全翻译、整理，贵州人民出版社，1990 年 9 月），《彝族创世志》（龙正清、王秀平翻译，四川民族出版社，1991 年 4 月），《简明彝汉字典（贵州本）》（王子尧、陈世鹏、陈世军等编写，贵州民族出版社，1991 年 12 月），《贵州彝语文课本》一至六册（王子尧、陈世鹏、陈世军、王富慧、柳远超、李天元编写，贵州民族出版社，1991～1993 年），《红白杜鹃花》（贵州省少数民族古籍整理出版规划小组办公室编，贵州民族出版社，1993 年 3 月），《石刻论著汇编·贵州红岩古迹研究》（王正贤、王子尧等著，北京图书馆出版社，1997 年 12 月），《夜郎史传》（王子尧，刘金才译著，四川民族出版社，1998 年 8 月），《估哲数》（陈光明、张和平主编，王继超整理、翻译，贵州民族出版社，2000 年 4 月），《黔彝古籍举要》（陈世鹏著，贵州民族出版社，2004 年 7 月），《西南彝志》（王子尧等译著，贵州人民出版社，1982 年），《漏卧鲁沟的婚礼》（王子尧等译著，贵州民族出版社，1986 年），《彝族古歌》（王子尧等译著，贵州人民出版社，1989 年），《物始纪略》（王子尧等译著，四川民族出版社，1990 年），《达思美复仇记》（王子尧等译著，贵州民族出版社，1994 年），《彝族古代文论》《彝族叙事诗》（王子尧译著，贵州人民出版社，1997 年），《贵州彝族语言文字》（柳远超等著，贵州民族出版社，1999 年 12 月），《中国彝史文献通考》第一卷（王子尧主编，四川民族出版社，2001 年），《贵州彝文古籍整理翻译研究》（陈光明、李平凡主编，贵州民族出版社，2008 年 8 月）。

随着布依族古文字的被国家认定，以周国茂为代表的布依文专家已经展开布依文古籍的搜集、整理、研究工作。

四、民族文字创制与试验推行

20世纪50年代后期，贵州新创（含改革）6种少数民族文字，它们是黔东方言苗文、川黔滇方言苗文、湘西方言苗文、滇东北方言苗文（属文字方案改革）、布依文、侗文，以后每种新创文字又都作了修订。上述民族文字的试验推行大致经历了两个阶段：起步、中断阶段（时间是20世纪50年代中后期），恢复、发展阶段（1980～1996年）。20世纪50年代是贵州民族文字试验推行的第一个黄金时期。此间做了大量的工作：培训民族语文工作人员、翻译和教学人员；编写民族文字教材和词典，创办相关刊物，建立多所民族语文学校；在标准音点开设实验教学班，在各地举办以学习民族文字为内容的干部培训班、农村扫盲班、印刷工人训练班；创办民族语言广播节目等。1980～1996 年是贵州民族文字试验推行的第二个黄金时期。1980 年在第三次全国民族语文科学讨论会上，国家民委重申“国务院和国家民委批准推行和试行的文字方案继续有效”。从此贵州民族文字的试验推行进入恢复发展阶段。相比第一阶段的工作，第二阶段除了恢复以往的工作外，数量和规模上都有增加、扩大，推广的范围和涉及的领域更大更广，而且还出现了一些新事物、新举措。比如，成立了电影公司涂磁站专门译制民族语影片；民汉双语教学逐步进入学前班、小学、初中、高中，并迅速发展；民族文字科普医药法律方面的书籍大量涌现，民族文字牌匾、印章、会标及信件、电报、对联、告示、诉状等开始出现。

为了贯彻落实国务院〔1991〕32 号文件，1995年国家民委语文室、中国社会科学院民族研究所有关专家对新创的黔东方言苗文、川黔滇方言苗文、布依文、侗文的试验推行工作作了调查总结，一致认为上述新创文字“系统清晰、表音准确、字形美观、书写方便”，作为正式推行的文字的条件“已经成熟”。自此，贵州新创民族文字的试验推行暂告一阶段。

五、扫除文盲

据不完全统计，从20世纪50年代后期至1994年底，贵州全省利用民族文字在农村扫盲共计办了3230个点（班），学习人数达178 969人，其中达到脱盲标准的人数有156 508人，脱盲率为87.5%。

依靠新创民族文字来扫盲，事实证明是一个行之有效的办法。贵州省历来教育落后，文盲数量多，由于语言上的障碍，仅仅用汉文来扫盲往往收效甚微。有了新创民族文字后，利用它来扫盲效果显著。由于有语言基础，新创文字又都是拼音文字，言文一致，因而群众接受快，记得牢，兴趣大，一般只需120个左右的学时就能基本掌握文字，而且巩固率高，不容易复盲。通过扫盲，新创民族文字让很多少数民族群众切身体会到了它的价值。

六、人才培养和人员培训

人才培养和人员培训一直是贵州民族语文工作的重心。骨干人才的培养方式由最初完全依赖省外培养过渡到以省内培养为主、省外培养为辅。中央民族学院（今中央民族大学）语文系是最早帮助贵州培养民族语文人才的单位。早在20世纪50年代初，中央民族学院语文系就开设了黔东苗语班、川黔滇苗语班、布依语班、侗语班，这些毕业生成为日后贵州民族语文工作的中坚力量。贵州民族学院于1953年开办首届侗语本科班，1956年10月首次开设黔东苗文班，1983 年恢复开设布依文课（选修），1995 年民语系改为本科，2007 年开始招收少数民族语言文学专业硕士研究生。此外，成立于 20 世纪 50 或 80 年代的黔东南民族语文学校、黔东南民族行政管理学校、凯里民族师范学校、黎平民族师范学校、榕江民族师范学校、黔南民族语文学校、黔南民族行政管理学校、安顺民族语文学校等也培养了不少专业人才。1996 年以前的人员培训主要表现在到各地举办民族语文培训班，使少数民族群众尽快脱盲；1996 年以后的人员培训主要是为基础教育培养双语教师。

人才的培养和人员的培训使贵州民族语文工作在专业人才上能够得到保证，并扩大了民族语文的使用范围和社会影响。

七、民汉双语教学

贵州的双语教学起步于 1981 年。先是进入小学进行个别试点，后来扩展到学前班、中学（主要是民族中学）。2004 年 4 月，贵州省教育厅、民委在贵阳召开全省双语教学研讨会。以此为契机，双语教学师资培训工作被提到一个新的高度。从 2005 年 11 月起，贵州民族学院民族文化学院频繁举办双语师资培训班。2007 年 11 月，“贵州省双语教学培训基地”在该校正式挂牌。

截至 2006 年 7 月底，全省共有 314 所学校开展双语教学。这些学校分布在 50 个县（市、区、特区、管委会）、189 个乡（镇、工业区），其中小学 274 所、中学 13 所、教学点 11 个、学前班 16 个，开展苗汉双语教学的学校 185 所，开展布依汉双语教学的学校 48 所，开展侗汉双语教学的学校 33 所，开展彝汉双语教学的学校 44 所，开展水汉双语教学的学校 1 所，开展仡佬汉双语教学的学校 1 所，同时开展彝汉、苗汉双语教学的学校 2 所；接受双语教学的在校学生共计 42 763 人，其中苗族 17 970 人、布依族 5387 人、侗族 3527 人、彝族 13 536 人、水族 61 人、仡佬族 101 人、彝苗混合 2181 人。全省双语教师共计 753 人。

2007 年 5 月，贵州省委副书记、省长林树森指出，在贵州少数民族地区实行双语教育是一项特殊需要，既能使少数民族儿童融入主流文化，又能使少数民族文化得到更好的传承，这也是落实党的民族政策的一项必然要求。自此各地各部门对双语教学更加重视。

八、民族语言保护

2001 年 8 月，为及时、准确地了解贵州少数民族语言使用情况的变化特点，以便为党和政府制定民族语言政策提供依据，使民族语言更好地为民族地区的经济社会发展服务，贵州省民宗委、教育厅联合召开全省少数民族语言使用情况抽样调查工作会议。同年 9～10 月，抽样调查工作展开。调查内容涉及苗、布依、侗、彝 4 种语言，调查对象为 6～8 岁的儿童和 20～40 岁的成年人，调查地点设在贵州剑河、纳雍、松桃、罗甸、黎平、威宁 6 个县，每个点调查对象不得少于 40 人，调查方式采取问卷调查的形式。2003 年 7 月，省民委少数民族语言文字办公室又开展民族自治地方语言使用及权益保障情况调查，全办人员共分 4 个组，分赴黔南、黔东南、毕节、铜仁等地调研。上述调研活动为日后民族语言保护工作的开展提供了重要依据。

2002 年 7 月 30 日，贵州省第九届人民代表大会常务委员会颁布《贵州省民族民间文化保护条例》，确定了全省需要保护的 9 项民族民间文化，“少数民族的语言、文字”被列为第一项。同年 10 月，贵州省教育厅、省民宗委联合下发《关于在我省各级各类学校开展民族民间文化教育的实施意见》，指出“在不通晓汉语的少数民族聚居地区，要认真坚持开展双语教学”，“民族高等院校要加大力度，坚持办好民族史、民族文化、民族语言等相关专业，培养专业人才”。2005 年 9 月，中共贵州省委、贵州省人民政府颁布《关于进一步加强民族工作加快少数民族和民族经济社会发展的意见》，指出要积极帮助民族地区培养通晓少数民族语文和汉语文的双语教师，因地制宜推行双语教学。

从 2004 年 11 月起，以贵州民族学院为主阵地，双语师资培训班及其他相关培训班连续开办。民族语文教材的编写在人员、经费、出版等方面都有了保障，苗、布依、侗、彝等语种都推出了一系列新教材。从 2006 年起，省级财政设少数民族教育专项补助资金 1000 万元，用于解决双语教师培训及教材编写等民族教育发展中的特殊问题。

2006 年 8 月，联合国教科文组织在实地考察的基础上，和国家民委共同决定在松桃苗族自治县建立“少数民族双语环境建设示范区”，主要宗旨是要营造关注母语、重视母语学习和使用的氛围，保持和维护语言文化的多样性。同年 12 月，“苗族语言环境建设示范区”工程正式启动。2008 年 6 月，“仡佬语数据库建设及仡佬文化综合研究”课题论证会在贵阳召开，这标志着仡佬语数据库建设工程正式启动。另外，2006 年 11 月，“平正仡佬族语言培训基地”正式在遵义县平正仡佬族乡落户。

总之，近 10 年来，传承和保护少数民族语言，成了贵州民族语文工作的一个新主题。

第二节 民族语文工作存在的问题与不足

回顾过去，60 年来尽管贵州民族语文工作取得了巨大成就，为党的民族语文事业作出了重要贡献，但是仍然存在许多问题和不足。

一、对民族语言资源的保护、开发、利用不够

贵州是一个语言资源十分丰富的省份。语言是文化的载体，贵州各少数民族大多没有文字或没有通用文字，因而民族文化主要积淀在语言里，并依靠语言代代相传。如果语言消失了，大部分文化特征也将随之消失。语言虽说可以口耳相传，在人群中扩散，但又具有不可再生性，一旦在整个言语社团中消亡，将永远无法再生。文化对于一个国家综合国力的影响，对经济发展潜在的强大推动力已经被越来越多的人所认识。目前贵州全省上下已普遍认识到文化对于本地经济社会发展的重要性，省委、省政府更是把它作为贵州 7 大优势资源之一。但是，近几十年来，随着不同族群之间联系的日益频繁，外来主流文化的强力影响，人们价值观念的转变以及现实生存的需要，贵州民族语言的生存受到前所未有的挑战。各民族语言无一例外地呈现这样的趋势：使用人口逐渐减少，使用范围在逐渐缩小，语言功能逐渐退化，使用年龄老化。长此以往下去，在可预见的将来贵州相当一部分地区的民族语言将退出历史舞台。

虽然，如何保护民族语言、如何保持语言的多样性，已经受到各方关注，贵州省先后启动“苗族语言环境建设示范区”和“仡佬语数据库建设工程”，但由于起步较晚，还没有积累多少成功的经验。省内各研究单位、高校、学术团体对这一问题的研究还很不够。“语言

环境建设示范区”工程能否真正、长久地对活态语言的保护、传承起到作用，还有待实践去证明、去检验。

近10年来，贵州在民族语言资源的保护方面还没有让人建立起足够的信心，其关键问题是，没有搭建起民族语言资源保护同经济社会发展的桥梁。目前利用民族传统文化开发民俗旅游、生态旅游，民族语言之外的非物质文化资源被开发、利用的力度较大，也受到一些成效，唯独民族语言的价值没有被充分尊重、利用和宣传。某种东西能否被老百姓青睐、被传承、被发扬，关键在于它对老百姓有没有用，能否产生效益。如果民族语言的重要性，仅仅停留在理论上，停留在学者们的视角里，那它注定是要绝灭的。语言的经济效益、社会效益亟须在实践中去发掘、验证。

二、对新创民族文字试验推行经验摸索不够、研究不够

新中国成立之初，党和政府出于对贵州少数民族的关怀，出于安定团结的政治需要，出于民族地区文化、教育发展的需要，也为了遵循广大少数民族群众的意愿，为苗族、布依族、侗族创制了新的拼音文字。应该说，这几种民族文字的创制是顺应客观条件，合乎民意的。但是，在汉文字广泛应用的大背景下，贵州少数民族人口比例不大，聚居又比较分散，历史上没有自然形成的标准音点，新创文字的推广还刚刚起步，如何让它和汉文互相补充，找到自己的生存空间，没有现成的经验，需要贵州的民族语文工作者在实践中去摸索、去研究、去创新。

从1957年逐步推行到1995年国家组织专家验收，贵州新创民族文字经历了38年的试验推行（中间曾由于极“左”思想的干扰，贵州民族语文工作一度陷于停顿）。在试验推行中，少数民族群众是欢迎新创文字的，民族文字推行者的工作热情是高的，在实践中也收到很大实效，但是离理想的推行效果还是有较大差距。1995年国家对贵州新创民族文字进行验收，有关专家充分肯定了试验推行成绩，但最终这些新创文字并没有被作为正式文字推行，即说明了这一点。

除了客观困难和历史原因外，在试验推行中经验摸索不够，对有关问题研究不够，因而缺乏预见性、科学性。在实际工作中，时热时冷，有时流于形式，不求实效，疏于长远。在人民群众的日常生活中，在社会生活的各个领域，新创民族文字的应用还不广泛，缺乏旺盛的生命力。

三、对贵州双语教学工作的特点认识不清，目标定位较低，尚没有纳入常规教学体系和教学管理

正如前文所述，贵州省的语言使用情况有自己的特点，它不同于一般英语国家的语言状况，与国内5个自治区的语言使用情况也有很大差异，加上保护语言多样性的目的，因而贵州的双语教学应该有自己的特色。但是，“过渡型双语教学”模式目前仍是贵州双语教学的主要形式和目的，即在小学一、二年级阶段部分使用本族语辅助教学，从三年级起即只使用汉语教学。事实证明，这种教学方式只具有短期效应，由于它不把民族语作为一种目的语来学习，所以从长远的社会效应看它对民族语的保护和传承并无多少实际意义。有人称这种双语教学模式为“拐棍论”，即民族语只是学习汉语的“拐棍”，一旦学生的语言障碍消除，“拐

棍”就会被扔掉。

由于中小学基础教育的目标仍然主要为了追求“升学率”和培养所谓的“优等生”，它并不被赋予承担保护和传承民族语言的义务和责任，所以民族语文教学“理所当然”地不会被纳入常规的教学体系和教学管理。由于上述种种原因，导致教学系统和民委系统职责不清，理应作为监督者、宏观管理者的各级民委成为民族地区双语教学的主要推行者、倡导者，教学系统反而成为旁观者。另外，双语师资仍然严重缺乏，长期没有稳定的、正规的来源渠道，缺乏科学、完备的双语教学大纲和规范、系统、多样的教材，缺乏行之有效的质量监控体系。

四、双语师资培训机制有待完善

近几年来，在贵州省民委、省教育厅的统一领导和组织下，苗汉、布依汉、侗汉、彝汉双语师资培训班不断举办，双语师资培训工作开始进入常规化、制度化。但是，双语师资培训体系还远未完善，比如在目标定位方面、时间安排方面、课程设置方面、学员选拔方面、培训方式方面、培训效果的评估方面，都显得模糊、随意。

五、民族语文出版物、广播节目制作、影视译制方面的工作做得不够

一种新创文字的广泛推行，离不开出版物以及广播节目、影视作品等媒介的支持。在新创民族文字试验推行的过程中，曾出版过一些民族语文扫盲教材、科普读物、实用技术小册子，推出一些民族古籍、民俗作品，发行过一些民族文字报刊，制作过民族语广播电视节目，译制过民族语影片。但是，总的来看，出版物的种类和数目太少，影响太小，而且内容显得单一、陈旧，广播影视节目的制作或译制方面不能持之以恒，因而都满足不了广大群众日益增长的需求。

六、民族语文、民族古籍的调查、整理、研究工作做得很不够

贵州虽然是一个语言资源大省，但是在民族语言、民族古籍的调查、整理、研究方面还做得很不够。许多语言材料、语言现象有待进一步调查，语言理论有待深入探讨；涵盖各少数民族语言的数据库建设工程有待启动；大量散布于民间的民族古籍有待于搜集、保护、翻译、整理、研究；从事民族语文研究的队伍有待扩大，水平有待提升，领军人物亟须培养。20 世纪中后期，苗语、布依语、侗语、彝语、水语、仡佬语等语种，曾出现过一批杰出代表，但是近十几年来各语种已经明显出现研究人员青黄不接现象。从目前来看，研究队伍人数少，队伍建设受到关注和支持少，队伍内部联系、外部联系少，关注前沿的热点问题少，队伍的激奋精神不高。在近些年推出的研究成果中，描写的多，做理论探索的少，在国内外有广泛影响的成果少，有重大影响的科研活动、科研项目做得少。总的来看，贵州民族语言研究有边缘化趋向。

七、民族语文调研工作做得不够

工作中难题的解决、不足的弥补，需要花费很长时间，需要做大量艰苦、细致的调查研

究工作。民族语文工作责任大、任务重、难题多，很多工作又没有现成的经验可供参考，需要在实践中不断地、反复地摸索、探寻，甚至需要创新。但是，从目前看，关于贵州民族语文的调研工作还做得很不够，工作方法还有待改进：有时不做调研，或只调不研；有时调研不深，或不求实效。一切问题的解决，都需要做好充分、细致的调查研究工作，没有这一条做基础，工作起来往往事倍而功半，甚至敷衍了事。

第三节　民族语文工作展望

针对上述问题和不足，我们认为未来贵州民族语文工作应在以下几个方面做出努力。

一、进一步加强民族语言尤其是濒危语言的保护工作

贵州民族语文工作大致包含四个方面的工作：对现有的民族语文资源进行保护，组织有关人员做好研究工作，努力使民族语文得到发展，并使其为民族地区经济社会的发展服务。概括地说就是保护、研究、发展、利用。其中保护是民族语文工作的基础，没有对民族语文资源的保护，其他工作就失去基础。因此，在今后很长时间里，应把民族语言资源的保护作为中心工作来抓。

（1）要加大宣传力度，把工作做到村寨，做到每家每户，形成一种浓厚的氛围，让广大少数民族群众充分认识到母语的价值，自觉地保护自己的语言，使其一代一代传承下去。

（2）在民族旅游开发中，应把民族语言作为特色、优势资源，挖掘其价值，扩大其影响。在实际操作中，可以先试点，积累经验，后逐步推广。

（3）努力做好双语教学工作，目标定位要高，既要着眼短期效应，更应放眼长远效果，即把双语教学作为保护、传承民族语言的重要手段。学校教育尤其是中小学基础教育应当承担更大职责，应把民族语文教学纳入常规教学体系和教学管理，使其获得同汉语文教学同等重要的地位。当下的双语教学，应同民族民间文化进课堂联系起来，采取灵活多样的形式。

（4）重视民族语文师资力量的培养、培训工作，建立稳定的、正规、科学的师资来源渠道。

（5）改善教育设施、教学设备，开发民族语文远程教育资源。

（6）管理系统分工要明确，职责要清晰。教育系统应切实提高、增加民族语文教学的地位和分量，成为保护民族语言的中坚力量，民委系统应着力做好监管和支持工作，努力改变现行的仅仅依靠民委系统来推行民族语文教学的单一工作模式。

（7）各级政府应予以大力支持。民族语言资源保护的好坏，应成为考核地方官员政绩的重要指标。

（8）应消除两个极端心理，即对苗语、布依语、侗语等语种的生存持过分乐观态度，对仡佬语等濒危语种的生存持悲观态度。

二、继续做好民族语文教材、读物、工具书的编译、出版工作

民族语文教材尤其是农村实用科普读物和工具书目前仍然奇缺。应按照“十一五”双语

教材编写计划，组织有关专家做好新一批民族语文教材、读物、工具书的编译、编写和出版工作。民族语文教材、读物的编写应注重内容的翻新，不必拘泥于汉文教材的翻译，民间故事、艺术、歌曲等都可以编成读本；形式应多样化，要充分考虑人民群众的欣赏习惯、审美特点。教材投入使用后，应主动了解读者意见，使每次编写都有提高，都有创新，而不是简单重复。有关部门要做好民族语文教材、读物、工具书的规范工作。

三、努力做好民族语言数据库建设工作

不单要做好仡佬语数据库建设工作，而且应尽快启动涵盖多语种的数据库建设工程，使现存的每个语种都保留有录音资料、记录材料、图片资料。这项工作甚为必要和紧迫。

四、积极推进“民族语言环境建设示范区”工程

2006 年 12 月，“苗族语言环境建设示范区”工程在贵州省松桃苗族自治县正式启动。这是联合国教科文组织和国家民委在全国首批建立的两个“民族语言环境建设示范区”之一。应以此为契机，积极总结示范区的建设经验，以点带面，逐步推广，为我国乃至世界弱势语言、濒危语言的保护以及双语和谐语言环境的建设作出示范。

五、做好民族古籍的搜集、整理、研究工作，继续推行新创民族文字

历史上贵州少数民族群众依靠自己的智慧，曾创制了多种文字，如彝文、水书、布依文等。用这些文字记录的典籍至今仍有许多散布于民间，如不及时搜集，加以保护，将会大量遗失。这些资料是研究少数民族历史、文化、经济、社会以及各个方面的珍贵史料。2009 年 6 月，布依族古文字正式获得国家认可，其古籍文献的搜集、整理、翻译、研究工作显得尤为迫切。

1996 年贵州省人民政府向国务院申请把新创侗文、布依文、苗文作为正式推行文字，没有获得批准。因此，这些新创民族文字到底还要不要继续推行，就摆到了民族语文工作者的面前。上述文字是新中国成立初期在党和国家领导人的直接关怀下、经过老一辈民族语文工作者的辛勤劳动才创制出来的。经过几十年的试验推行已经取得了很大成效，产生了一定影响，受到多数少数民族群众的欢迎。在某些领域它的作用仍然是汉文所不能替代的。因此，还必须高度重视这些文字的使用和推行。

六、认真做好民族语文信息处理工作，继续支持彝文计算机软件开发与国际编码申报工作

目前，我国已完成了在统一平台上蒙古文、藏文、维吾尔文、哈萨克文、朝鲜文和柯尔克孜文文档识别的综合集成平台和系统，其主要技术指标甚至达到了国际领先水平。贵州省应做好民族语文信息处理工作，重视开发民族文字计算机软件，使民族文字获得更广阔的使用空间和传播平台。

七、进一步做好跨省区民族语文协作工作

国家民委于 2008 年 4 月在海南省召开全国民语委系统民族语文工作座谈会，强调跨省区的民族要建立民族语言文字工作协作机构，要求以人口较多、相对集中的省份牵头，有关省份的民族工作部门和民族语言文字工作部门参加，不定期地开展组织协调工作。我国苗族、布依族、侗族的多数人口在贵州，彝族人口也不少，因而贵州省必须承担更大的责任，需要同邻近省区做好苗文湘西方言、苗文川黔滇方言、滇东北次方言、新老苗文、布依文、侗文、彝文的协作工作。

八、打造民族语文研究队伍，努力开拓研究领域、提高研究水平

以现有的研究人员为基础，注重引进高水平专业人才，注重培养领军人物，使队伍的年龄结构、专业结构趋于合理、科学，使主要的几个语种都有带头人，并有若干名研究人员。有关部门应加大对民族语文研究的支持力度，在经费支持、科研立项方面应优先扶持民族语文。研究领域方面不应局限于对语言结构的描写，应积极开拓新的领域，如语言关系研究、语言接触研究、比较语言学研究、语言保护研究、语言和谐环境建设研究、语言政策研究等。应着重加强语言理论研究和应用研究，力争开展一些重大科研活动，推出一批重要科研成果。应努力办好贵州民族学院少数民族语言文学专业，充分发挥其民族高校的龙头作用。

参考文献

[1] 贵州省地方志编纂委员会编，翁家烈主编.贵州省志・民族志（上/下）[M].贵阳：贵州民族出版社，2001

[2] 徐晓光.贵州世居民族研究（三）[C].贵阳：贵州民族出版社，2006

[3] 潘朝霖，韦宗林主编.中国水族文化研究[M].贵阳：贵州人民出版社，2004

[4] 李锦平.苗族语言与文化[M].贵阳：贵州民族出版社，2002

[5] 龙耀宏.侗语研究[M].贵阳：贵州民族出版社，2003

[6] 中华人民共和国国家通用语言文字法[Z]，2000 年 10 月 31 日第九届全国人民代表大会常务委员会第十八次会议通过

[7] 孔祥卿.彝文的源流[M].北京：民族出版社，2005

[8] 马学良主编.汉藏语概论[M].北京：民族出版社，2003

[9] 中国社科院民族研究所，广西少数民族社会历史调查组编.毛南族简史简志合编[M].1963

[10] 中央民族学院民语系语言学教研室.壮侗语言词汇集[M].北京：中央民族学院出版社，1985

[11] 曾晓渝.汉语水语关系论[M].北京：商务印书馆，2004

[12] 中国科学院民族研究所，贵州少数民族社会历史调查组编.侗族简史简志合编[M].1963

[13] 韦章炳.中国水书探析[M].北京：中国文联出版社，2007

[14] 张均如.水语简志[M].北京：民族出版社，1980

[15] 中国科学院民族研究所，广西少数民族社会历史调查组编.仫佬族简史简志合编[M].1963

[16] 王均，郑国乔.仫佬语简志[M].北京：民族出版社，1980

[17] 中国科学院民族研究所，贵州少数民族社会历史调查组编.仡佬族简史简志合编[M].1963

[18] 石林.侗语汉语语法比较研究[M].北京：中央民族大学出版社，1997

[19] 贵州省小学双语教材编译委员会编.小学苗语文[Z].贵阳：贵州民族出版社，2007

[20] 贵州省小学双语教材编译委员会编.小学侗语文[Z].贵阳：贵州民族出版社，2007

[21] 梁敏，张均如.侗台语族概论[M].北京：中国社会科学出版社，1996

[22] 罗兴贵，杨亚东.现代苗语概论[M].贵阳：贵州民族出版社，2004

[23] 李方桂.莫话纪略・水话研究[M].北京：清华大学出版社，2005

[24] 柏果成，史继忠，石海波.贵州瑶族[M].贵阳：贵州民族出版社，1990

[25] 黄海.瑶山研究[M].贵阳：贵州人民出版社，1997

[26] 毛宗武.瑶族语言简志[M].北京：民族出版社，1982

[27] 龙耀宏.侗语研究[M].贵阳：贵州民族出版社，2003

[28] 张济民.仡佬语研究[M]. 贵阳：贵州民族出版社，1993

[29] 丁椿寿.彝语通论[M].贵州民族研究所内部出版，1985

[30] 贵州省民族事务委员会，贵州省民族研究所编.贵州“六山六水”民族调查资料选编（民族语言卷）[M]. 贵阳：贵州民族出版社，2008

[31] 郝时远主编.田野调查实录[C].北京：社会科学文献出版社，2002

[32]《贵州通史》编辑部.贵州通史简编[M].北京：当代中国出版社，2005

[33] 贵州省少数民族语言文字办公室编.贵州民族语文工作手册[Z]，黔内资准字第 205 号，2008

[34] 贵州省民族事务委员会编.贵州民族工作五十年[Z]，贵阳：贵州民族出版社，1999

[35] 中国社会科学院民族研究所，国家民族事务委员会文化宣传司主编.中国少数民族语言使用情况[M]. 北京：中国藏学出版社，1994

[36] 贵州省民委民族语文办公室编.贵州省苗族、布依族、侗族文字试验推行总结资料汇编[Z]，黔新出（95）内图资准字第 133 号，1995

[37] 刘晖.以科学发展观为指导认真做好贵州民族语言文字工作[R]. 2009 年度语言文字工作会议民语委领导讲话汇编

[38] 贵州民族语文工作 60 年大事记[N].贵州民族报，2009-11-5

[39] 潘朝霖.水书文化研究[C].贵阳：贵州民族出版社，2009

[40] 贵州省少数民族语言文字办公室.松桃苗族自治县“苗族语言环境建设示范区”工程简介[R]，2008-12-4

[41] 秦位强.马克思主义民族理论及其在中国的运用和发展[J]. 吉首大学学报（社会科学版），2007（1）

[42] 贵州省少数民族语言文字办公室编.新中国 60 年贵州民族语文工作纪事[Z]. 2009（10）

[43] 贵州省民族事务委员会政策研究室编.贵州省民族工作大事记[Z]. 贵阳：贵州民族出版社，1992

[44] 贵州省民族事务委员会民族语文办公室编. 贵州民族语文研究[C]. 贵阳：贵州民族出版社，1993

[45] 贵州省地方志编纂委员会编. 贵州省志·教育志[M]. 贵阳：贵州人民出版社，1990

[46] 任吉麟. 贵州教育年鉴（1949—1984）[N]. 贵阳：贵州人民出版社，1986

[47] 贵州省民委民族语文办公室编. 贵州双语教学论文集[C]. 贵阳：贵州民族出版社，1989

[48] 贵州省民委民族语文办公室编. 贵州民族语文调查集[C]. 贵阳：贵州民族出版社，1992

[49] 贵州省少数民族语言文字办公室编. 贵州民族语文调研文集[C]. 贵阳：贵州民族出版社，2004

[50] 贵州省民委民族语文办公室编. 民族语文论集[C]. 贵阳：贵州民族出版社，1998

[51] 贵州省少教民族语言文字学会，贵州省民族事务委员会民族语文办公室编. 贵州民话语文研究集[C]. 贵阳：贵州民族出版社，1994

[52] 孔令中主编. 贵州教育史[M]. 贵阳：贵州民族出版社，2004

[53] 陈涛著. 文化背景与民族教育[C]. 贵阳：贵州民族出版社，1992

[54] 国家民委语文室编. 民族语文工作政策法规汇编[Z]. 内部资料，1992

后　记

古人云："往者不可谏，来者犹可追。""往者"，虽已无可谏，但对其进行深刻审思、反省，了悟其中的得与失、利与弊，对于"来者"无疑是大有裨益的。贵州省民族事务委员会审时度势，高瞻远瞩，批准贵州民族学院民族科学研究院提出的"中国共产党民族理论在贵州的实践"这一重大研究课题，其用意也许正在于借鉴"往者"，以追"来者"。

"贵州少数民族语言文字工作研究"课题，是总课题"中国共产党民族理论在贵州的实践"下的一个专题。我们几位编著者有幸承担了这一专题的研究、撰写任务。要想完成此项光荣而又艰巨的任务，需充分熟悉有关贵州少数民族语言文字的基本情况；需最大限度地占有材料，对贵州各个时期的民族语文工作情况做到心中了然；需站在历史的高度、政治的高度、理论的高度对各个时期的民族语文工作进行审思，总结它们的得失、利弊；最后，还需就如何做好贵州今后的民族语文工作提出有价值的、可行的建议。我们几位编著者是按照这样的思路去展开工作的。但是由于我们水平有限，所能搜集到的资料有限，写作过程又时常被各种其他工作打断，我们所展现的贵州民族语文工作六十年的全景，也许还有一些疏漏；我们对过去工作的总结，也许还未真正触及其要领。虽然如此，以党的民族政策、民族语文政策为指导，回顾、总结六十年来贵州民族语文工作的实践，尚属首次，因而把这样一本书奉献在读者面前仍然具有重要意义。我们愿意把它作为一块"砖"，去引发更多人这一方面的思考，以求引得更多的"玉"。我们热忱欢迎广大读者、学界同仁提出批评意见。

本书写作过程中，贵州省民委副主任徐飞同志多次亲临审稿会，督促、指导写作工作，贵州民族学院副校长、民族科学研究院院长杨昌儒教授以及石开忠教授、李平凡研究员、颜勇研究员、龙耀宏教授、陈玉平教授提出过很多宝贵意见，在此谨致谢意！初稿写成后，曾请我省老一辈民族语文研究专家今旦先生、贵州民族学院教授胡晓东博士审阅。他们仔细阅读后，都给出了书面意见。我们对照这些意见，作了补充或改动。对两位同志的辛勤劳动，深表感谢！贵州民族学院少数民族语言文学专业硕士研究生王炳江、牟昆昊两位同学曾协助查阅资料、文字录入。

本书写作分工如下：

第一章　贵州世居少数民族语言文字　　（龙海燕）

第二章　中国共产党在贵州实行的民族语文政策　　（龙海燕）

第三章　贵州民族语文工作开创期　　（龙海燕）

第四章　贵州民族语文工作徘徊期　　（罗兴贵）

第五章　贵州民族语文工作恢复发展期　（罗兴贵）

第六章　贵州民族语文工作新时期　（龙海燕、吴定川）

第七章　贵州民族语文工作总结与展望　（龙海燕）

统　稿　（龙海燕）

作　者

2010 年 9 月